essentials

essentials liefern aktuelles Wissen in konzentrierter Form. Die Essenz dessen, worauf es als „State-of-the-Art" in der gegenwärtigen Fachdiskussion oder in der Praxis ankommt. *essentials* informieren schnell, unkompliziert und verständlich

- als Einführung in ein aktuelles Thema aus Ihrem Fachgebiet
- als Einstieg in ein für Sie noch unbekanntes Themenfeld
- als Einblick, um zum Thema mitreden zu können

Die Bücher in elektronischer und gedruckter Form bringen das Expertenwissen von Springer-Fachautoren kompakt zur Darstellung. Sie sind besonders für die Nutzung als eBook auf Tablet-PCs, eBook-Readern und Smartphones geeignet. *essentials:* Wissensbausteine aus den Wirtschafts-, Sozial- und Geisteswissenschaften, aus Technik und Naturwissenschaften sowie aus Medizin, Psychologie und Gesundheitsberufen. Von renommierten Autoren aller Springer-Verlagsmarken.

Weitere Bände in der Reihe http://www.springer.com/series/13088

Anette Schunder-Hartung

Erfolgsfaktor Kanzleiidentität

Gefunden werden und Geschäft
ausbauen durch ganzheitliche
Entwicklung

Anette Schunder-Hartung
aHa Strategische Geschäftsentwicklung
Frankfurt am Main, Deutschland

ISSN 2197-6708   ISSN 2197-6716   (electronic)
essentials
ISBN 978-3-658-28322-3   ISBN 978-3-658-28323-0   (eBook)
https://doi.org/10.1007/978-3-658-28323-0

Die Deutsche Nationalbibliothek verzeichnet diese Publikation in der Deutschen Nationalbibliografie; detaillierte bibliografische Daten sind im Internet über http://dnb.d-nb.de abrufbar.

Springer Gabler
© Springer Fachmedien Wiesbaden GmbH, ein Teil von Springer Nature 2020

Springer Gabler ist ein Imprint der eingetragenen Gesellschaft Springer Fachmedien Wiesbaden GmbH und ist ein Teil von Springer Nature.
Die Anschrift der Gesellschaft ist: Abraham-Lincoln-Str. 46, 65189 Wiesbaden, Germany

Was Sie in diesem *essential* finden können

In diesem *essential* lesen Sie, wie Sie Ihre Stellung als Sozietät in einem zunehmend schwierigen Markt durch das Entwickeln einer ganzheitlichen Kanzleiidentität verbessern können. Die digitale Transformation drückt auf die Geschäftsmodelle, gleichzeitig steigen die immateriellen Erwartungen Ihrer Stakeholder. In dieser Lage greifen die ökonomischen Maßnahmen des Business Development zu kurz. Eine solide Presse- und Öffentlichkeitsarbeit wiederum ist unabdingbar, beschreibt aber nur einen unvollkommenen Ist-Zustand. Marketing und Markenbildung setzen ihrerseits klare, spannende Inhalte voraus. Einen entsprechend guten Gesamtüberbau können Sie sich systematisch erschließen. Dazu gehen Sie in einem strukturierten Verfahren schrittweise verschiedensten Fragen auf unterschiedlichen Ebenen nach.

Für Jonas, Nils und Max

Vorwort

Am Beginn der Recherchen zu „Erfolgsfaktor Kanzleiidentität" fragte mich der leitende Redakteur eines Branchenhandbuchs, was ich mir so kurz nach „Recht 2030" von diesem weiteren Manuskript verspräche. Daraufhin erzählte ich ihm von einem Gespräch, das ich selbst – damals noch Chefredakteurin des Nachschlagewerks „Kanzleien in Deutschland" – mit dem Marketingleiter einer großen Kanzlei geführt hatte. Was seine Sozietät in eigenen Worten auszeichne, hatte ich von ihm wissen wollen. „Nun, es ist ganz einfach", hat er geantwortet, „bei uns arbeiten die Besten, und von denen die Nettesten". Da von den anderen rund 700 deutschen Wirtschaftskanzleien, die wir Redakteure jährlich befragt haben, allerdings ähnliche Antworten kamen, wollten wir es seinerzeit genauer wissen: Zwischen den statistischen Angaben zu Anwälten, Referendaren, Standorten usw. war im farbig abgesetzten Kopfteil eine Rubrik „Kanzleiphilosophie" platziert. Hier bekamen die Sozietäten Gelegenheit, sich in eigenen Worten differenziert darzustellen.

Das Ergebnis war ein informatorischer Fehlschlag erster Güte. Da wimmelte es nur so von Marktteilnehmern, die „modern mit Tradition" „hochspezialisiert eine umfassende Beratung" bereithielten, dabei „stets individuelle Lösungen, konkrete Handlungsempfehlungen und wirtschaftlichen Nutzen" bietend. Hierbei argumentierten die Großkanzleien mit Manpower, die Mittelständler mit Flexibilität. Untereinander unterscheiden ließen sie sich damit jedoch kaum. Letztlich, so der eingangs zitierte Redakteur seufzend, seien sie halt wohl doch nur Gruppen von Rechtsexperten, die in einem gemeinsamen Raum zusammensäßen.

Überzeugt sein klingt anders. Auch wenn das Feedback nicht immer so offen ausfällt: Sowohl für HR und Bestandsmotivation als auch für Ihre gesamte Außendarstellung und die damit verbundene Geschäftsentwicklung sollten Sie an einer Schärfung arbeiten. Eine von Ihren Wettbewerbern deutlich unterscheidbare Ausstrahlung stärkt Ihre Stellung im Markt, denn Sie verleiht Ihnen in den Augen Ihrer internen wie externen Stakeholder das „gewisse Etwas".

Sind Sie beispielsweise eine inhabergeführte Kanzlei oder Sozietät mit nur wenigen Equity Partnern, dann können Sie mit raschen Entscheidungswegen punkten. Mit einem hohen Partner-Associate-Verhältnis (einer hohen „Leverage") zeigen Sie hingegen Mitspracheinteresse und Dynamik im Sinne guter Aufstiegschancen. Pflegen Sie in Ausschüttungsfragen eine homogene (Lockstep-)Kultur, demonstrieren Sie damit Solidarität und signalisieren, dass Sie untereinander eng verbunden sind. Dagegen ist eine stärker umsatz- und gewinnbasierte Partnervergütung Anreiz für den besonders engagierten Einsatz Einzelner – der ebenfalls handfeste Vorteile hat. Zwar passt insoweit tatsächlich nicht alles für jeden und zu allen Interessenten. Aber unter dem Strich gilt hier nichts anderes als für Ihre fachliche Spezialisierung auch: Gute Kanzleien gibt es viele. Um andere ausgerechnet für Ihre Sozietät zu gewinnen, müssen Sie sie im Konzert der Stimmen in zusätzlicher, besonderer Weise überzeugen.

Deshalb ist das Herausarbeiten Ihrer höchsteigenen Kanzleiidentität eine gute Investition. Das gilt übrigens nicht nur **für Anwaltskanzleien,** sondern cum grano salis auch **für Steuerberater- und Wirtschaftsprüfersozietäten.** Ebenso gut tun **Rechtsabteilungen von Unternehmen** daran, innerhalb des Firmenganzen ihre eigene Identität zu entwickeln. So paradox das auf den ersten Blick klingen mag – aus interner Perspektive werden Sie häufig als „Fee Burner" erlebt, die immer schneller immer komplexere Anforderungen schultern müssen … ein heikles Unterfangen. Umso mehr müssen auch Sie sich gegenüber Ihren (internen) Auftraggebern darum bemühen, attraktiv zu bleiben.

Egal ob **Freiberufler oder abhängiger Anbieter qualifizierter Dienstleistungen** – Sie alle stehen nicht vor völlig gleichen, aber durchaus vor vergleichbaren Herausforderungen. Zu deren Bewältigung möchte ich mit diesem Springer *essential* einen Beitrag leisten.

Für zahllose erhellende Gespräche danke ich besonders den Kolleginnen und Kollegen aus meinen aHa-Kanzleireihen und meinem Netzwerk. Wenn ich im Folgenden verallgemeinernd von Juristen und Anwälten spreche, so bezieht sie das ebenso mit ein wie die Steuerberater, Wirtschaftsprüfer oder auch Unternehmensjuristen jeden Geschlechts. Ich bin selbst Anwält*in,* lege in diesem *essential* aber auch Wert auf eine entsprechende Sprachvereinfachung. Mein besonderer Dank für die kritische Durchsicht des Manuskripts gilt zum einem meinem Mann Professor Dr. Achim Schunder, zum anderen meinem anwaltlichen Freund und Mentor Bernhard Maluch. Dem stellvertretenden Hauptgeschäftsführer des DAV, Swen Walentowski, danke ich für anschauliche Praxisbeispiele.

Schließlich befanden sich Achims und meine beiden jüngeren Kinder bei Manuskriptschluss in der juristischen Examensvorbereitung. Tolle Sache. Aber auch für euch gilt: Schaut bitte gut hin, welcher künftige Arbeitgeber wirklich zu euch passt. Das Instrumentenbesteck zum Navigieren im Meer eurer Möglichkeiten liegt vor euch. Navigare necesse est.

Frankfurt
im November 2019

Inhaltsverzeichnis

Herausfordernde Rahmenbedingungen 1

1.1 Zunehmend schwierige Marktlage

Juristen, wir haben ein Problem.

Unser Normengeflecht wird komplexer[1]. Die Herausforderungen steigen sowohl in inhaltlicher als auch in puncto Reaktionszeit kontinuierlich an[2].

Gleichzeitig ist der Markt für juristische Dienstleistungen umkämpft wie nie. Die Zahl der zugelassenen Anwälte steigt weiter[3] – und dies in einem Markt, in dem spätestens seit September 2008 die „fetten Jahre" endgültig vorbei sind. Denn nicht nur hat die Auftraggeberseite ihren kritischen Blick auf die Preisgestaltungen auch nach der Wirtschaftskrise beibehalten. Die digitale Transformation hat ihrerseits für eine Erosion bewährter Verhältnisse gesorgt. Denn

---

[1]Karpen, JuS 2016, S. 577 (579), spricht vom „gewaltigen Normenzuwachs" eines „motorisierten Normensetzers" und verweist auf „erweiterte Staatstätigkeit im Sozial- und Interventionsstaat, technische Entwicklung, Globalisierung, Verrechtlichung und Normenhunger von Verwaltung und Justiz". Dabei ist nicht nur an horizontale Gesetze im weiteren Sinne zu denken. Auf vertikaler Ebene kommen international und national vielfältige Regelungsebenen hinzu.

[2]Hierzu aus dem unternehmensjuristischen Bereich eindrücklich Bandey/Kupsch, BB Berater-Magazin 03/2018, S. 8.

[3]Zum 1. Januar 2019 verzeichnete die Mitgliederstatistik der BRAK einschließlich der Syndikusrechtsanwälte über 165.000 Rechtsanwälte. Dabei handelte es sich um einen historischen Höchstwert, nachdem die Schwelle zur Sechsstelligkeit erst mit der Jahrtausendwende überschritten worden war. Noch kurz nach der deutschen Wende im Jahr 1990 hatte es mit 56.638 Kolleginnen und Kollegen nur gut ein Drittel so viele Anwältinnen und Anwälte gegeben, https://www.brak.de/w/files/04_fuer_journalisten/statistiken/2019/entwicklung-zugelassene-rae_zahlen.pdf.

© Springer Fachmedien Wiesbaden GmbH, ein Teil von Springer Nature 2020
A. Schunder-Hartung, *Erfolgsfaktor Kanzleiidentität*, essentials,
https://doi.org/10.1007/978-3-658-28323-0_1

einerseits unterstützt sie selbstverständlich die Kanzleiarbeit[4]. Andererseits sorgen technische Hilfen auch für ein steigendes Anspruchsdenken. Schließlich hält der digitale Umbruch grundlegende Alternativen bereit. So sind mittlerweile zahlreiche automatisierte Anwender-Lösungen auf dem Markt. Gerade im juristischen Standardgeschäft werden Aufgaben nach „Wenn-Dann-Schema" juristischen Berufsträgern zunehmend aus der Hand genommen – und das sogar noch vor dem Einzug selbstlernender künstlich intelligenter Systeme i.e.s. Um in einem populären Bild zu bleiben, braucht es zum Bilderaufhängen nicht unbedingt einen „anwaltlichen Bohrer". Entscheidend ist, dass das Loch für den Dübel in die Wand kommt; wie das geschieht, ist zweitrangig.

In der Praxis haben sich entsprechende Alternativideen längst etabliert. So hat das Redaktionsteam von Legal Tribune Online bereits 2016 in einem Schwerpunktheft über „Die neuen Juristen" einen Überblick über zahlreiche deutsche Legal-Tech-Unternehmen zusammengestellt, die schon heute eine Vielzahl (teil-)automatisierter Dienste leisten können[5]. Angeboten werden rechtssichere Kündigungsschreiben ebenso wie die Aufarbeitung von Unfallfolgen, die Anspruchsabwicklung für Flug- und Bahngäste, die Prüfung von Hartz IV-Bescheiden ebenso wie die Durchsetzung von Rückerstattungsansprüchen bei Kreditbearbeitungsgebühren u. v. m.

Gleichzeitig sinkt unser berufsständischer Schutz gegenüber artverwandten Betreuungsangeboten. So ermöglicht ungeachtet weitergehender europarechtlicher Diskussionen § 5 RDG schon jetzt Rechtsdienstleistungen im Zusammenhang mit einer anderen Tätigkeit, wenn sie als Nebenleistung zu deren Berufs- oder Tätigkeitsbild gehören. Ob eine solche Nebenleistung vorliegt, beurteilt sich nach ihrem Inhalt, Umfang und sachlichen Zusammenhang mit der Haupttätigkeit unter Berücksichtigung der Rechtskenntnisse, die für die Haupttätigkeit erforderlich sind. Dabei gestattet das Gesetz bestimmte Aktivitäten von vorne herein; im Zuge dessen haben die zwischenzeitlichen Lockerungen eine Vielzahl von Experten aus Banken, Versicherungen und Unternehmensberatungen auf den Plan gerufen. In deren Branchen herrscht ebenfalls erheblicher Druck, und die Protagonisten sind gut beraten, sich ihrerseits um neue Arbeitsmodelle und Kundengruppen zu bemühen. In der Praxis führt das dazu, dass statt dem Juristen gerne auch der Unternehmensberater Verhandlungen mit

---

[4]S. statt vieler Lotz, Von der Disruption zur Konversion, in: Schulz/Schunder-Hartung, Recht 2030, Frankfurt 2019, S. 91 ff., und Berger/Schalast, ebendort, S. 117 ff. S. zur Digitalisierung des Rechtsmarkts durch Legal Tech grundlegend Hartung/Bues/Halbleib (Hrsg.), Legal Tech, München 2018.

[5]LTO-Schwerpunktheft Die neuen Juristen 2016, S. 16 f.

einem Unternehmensnachfolger führt. Bei einer Gründungsberatung führt er die Mietvertragsverhandlungen ebenso gerne selbst[6]. Desweiteren sind zunehmend Projektmanager auf dem Markt, die eigens für die Übernahme komplexer Steuerungsaufgaben ausgebildet wurden.

Auch die Umsatzzahlen im Anwaltsmarkt geben keinen Anlass zu besonderem Optimismus. So haben die Kanzleien in Deutschland 2015 zwar einerseits gut 23 Mrd. EUR umgesetzt. Im Zehn-Jahres-Vergleich entspricht das einer Umsatzsteigerung um insgesamt knapp 40 %. Dem steht andererseits aber der schon eingangs erwähnte starke Zuwachs der Berufsträger (um knapp 24 %) gegenüber. Nimmt man den im gleichen Zeitraum um etwa 14 % gestiegenen harmonisierten Preisindex hinzu, ist das kaufkraftbereinigte UBT-Wachstum nurmehr marginal[7]. Die benannten Alternativen zur Kanzleimandatierung dürften den Kuchen seither weiter geschmälert haben.

Dabei wird fortlaufend qualifizierter Nachwuchs gesucht. Jedenfalls auf Ebene der Berufsträger wünscht man ihn sich so, dass er in der Lage ist, auch in schwierigen und komplexen Situationen den Überblick zu behalten, Problemlösungen engagiert zu entwickeln und durchzusetzen. Überzeugungsfähig und kreativ, sollte er ebenso Menschen führen wie sich eingliedern können[8]. Auch insoweit ist nun zwar auf den ersten Blick von hohen Zahlen die Rede: „Sechsstellige Summen für über 1000 Berufsanfänger!", lautete beispielsweise die Überschrift eines Branchen-Karriereportals im Jahre 2018[9]. Bei näherem Hinsehen relativiert sich diese Zahl allerdings rasch: Denn nicht nur liegt der Kreis der Sozietäten, die mit einem Satz von 120.000 EUR ins Rennen gehen, mit gut 30 von weit über 50.000 im Promillebereich. Der Median lag vor einigen Jahren selbst in Großkanzleien noch nicht einmal bei der Hälfte dieser Summe, in kleinen Einheiten lag er noch weit darunter[10]. Außerdem handelt es sich selbst in den wenigen genannten Fällen um Eigenangaben, die ohnehin nicht für jeden eingestellten Bewerber gelten.

Der Nachwuchs selbst wiederum stellt neue, immaterielle Anforderungen an den Arbeitgeber Kanzlei. In dessen Zentrum stehen Vorstellungen über engere

---

[6]S. hierzu bereits Schunder-Hartung, BB Berater-Magazin 4/2919, 4 (5) m. w. Nachw.

[7]Zum Ganzen Brenner, Nicht ohne: Benchmarking und Reporting, in: Schulz/ Schunder-Hartung, Recht 2030, Frankfurt a. M. 2019, S. 74 f.

[8]Anschaulich Fritz, Unternehmen Anwaltskanzlei, in: Schulz/Schunder-Hartung, Recht 2030, Frankfurt a. M. 2019, S. 88.

[9]https://www.azur-online.de/2018/05/associategehaelter-diese-kanzleien-bezahlen-am-meisten

[10]S. hierzu die grafische Darstellung unter https://www.lto.de/juristen/statistiken/gehalts-reports/einstiegsgehaelter-von-rechtsanwaelten-in-kanzleien/.

Grenzen der arbeitstäglichen Verfügbarkeit, die eine neue Generation X, Y oder Z ebenso ruhig und höflich wie bestimmt kundtut[11]. Deren hoch qualifizierte Vertreter leben oft mit einem ebenso berufstätigen Partner zusammen, der ihnen zuhause den Rücken nicht freihalten kann. Subjektiv spielen neue Selbstwirksamkeitskonzepte eine wichtige Rolle. So hat gerade meine Babyboomer-Generation in völlig nachvollziehbarer Weise Menschen erzogen, die es von klein auf gewohnt sind, Einfluss zu nehmen. Dass Lehrjahre keine Herrenjahre sind, ist dadurch aber nicht eben leichter zu vermitteln als früher. Mancher Kanzleipartner kommt sich in dieser Konstellation selbst vor „wie ein Bewerber"[12].

Weit entfernt ist die Realität der meisten Kanzleien zudem von den rund 2000 Stunden, die Anwälte in Großkanzleien nach einem LTO-Bericht aus dem Jahr 2017 jährlich abrechnen können sollen[13]. Tatsächlich schaffen ihre Kollegen in mittelständischen Kanzleien davon oft nur die Hälfte – was bei näherem Hinsehen kein Wunder ist: Nach Urlauben (5–6 Wochen), Feiertagen (2 Wochen), Krankheitsausfällen (1–2 Wochen) und Veranstaltungen von der Fortbildung bis zum Kanzleievent (1–2 Wochen) verbleiben einem Kanzleiangestellten – auch einem angestellten Anwalt – rund 41 Arbeitswochen à 40, also nur rund 1650 Stunden. In denen muss er selbst dann, wenn er mandatsbezogen arbeitet, Anbahnungs- und Verwaltungstätigkeiten verrichten, die sich schlicht niemandem anrechnen lassen. In dieser Zeit hat er noch kein PC-Problem behoben, keinen Kollegen begrüßt und sich nicht einmal die Hände gewaschen[14].

Entsprechend begrenzt sind unter dem Strich die Ressourcen zur Bewältigung der markteigenen Herausforderungen.

---

[11]Statt vieler Schunder-Hartung, Die nächste Generation, JuraCon-Jahrbuch 2018, S. 22 ff.

[12]Besonders eindrucksvoll fand ich persönlich die Schilderung des Praxisgruppenleiters einer großen deutschen Sozietät, dessen Bewerber im Vorstellungsgespräch mit einem Klemmbrett erschien. Darauf hat der junge Mann die Kriterien für und wider einen Einstieg bei den ihn interessierenden Kanzleien kurzerhand abgehakt.

[13]https://www.lto.de/recht/kanzleien-unternehmen/k/grosskanzleien-billable-hours-arbeitszeit-stundenvorgaben-unerreichbar-kommentar/

[14]Vergleichsweise aussagekräftiger erscheint zur „Anwaltstätigkeit der Gegenwart" das Ergebnis einer gleichnamigen Soldan-Studie. Danach betrug die Gesamtarbeitszeit deutscher Anwälte im vergleichbaren Zeitraum gut 51 Wochenstunden, https://www.lto.de/recht/juristen/b/anwaelte-arbeitszeit-wochenstunden-59-Stunden-marke/.

1.2 Heterogene Interessengruppen

Wenn Sie vor diesem Hintergrund juristische Dienstleistungen an den Mann oder die Frau bringen möchten, müssen Sie sich zunächst darüber im Klaren sein,

I) um wen es Ihnen
II) in welchem Maße
III) aus welchen Motiven heraus

geht.

Ihre Interessengruppen

1. Zentrale Interessengruppen bzw. (hier begriffsgleich verwendet:) Stakeholder mit Blick auf Ihre Sozietät sind
   a) die eigenen Kollegen;[15]
   b) die eigenen Mitarbeiter;
   c) Mandanten;
   d) Nachwuchskräfte;
   e) Kooperationspartner innerhalb oder außerhalb formalisierter Netzwerke sowie
   f) Multiplikatoren, und zwar aus unterschiedlichen Bereichen, darunter etwa als Medienvertreter
      aa) Wirtschaftsredakteure,
      bb) Branchenredakteure von 1) Handbüchern und 2) Magazinen,
      cc) Fachredakteure sowie
      dd) Redakteure von Nachwuchszeitschriften, und schließlich
   g) die Öffentlichkeit.
2. Unter den Betreffenden sind einige Akteure aktuell, einige Akteure potenziell mit der Sozietät verbunden. Eine nicht zu vernachlässigende Gruppe sind ehemalige Beteiligte, die Sie gerne zurückgewinnen möchten.

Alle Genannten haben alle ganz unterschiedliche Erfahrungshorizonte und Erwartungshaltungen, zum Teil auch eine stark voneinander abweichende

---

[15] Aus Lesbarkeitsgründen wähle ich jeweils – wie schon im Vorwort ausgeführt – die männliche Sprachform. Liebe Vertreter(innen) anderer Geschlechter, bitte fühlen Sie sich ebenso mit angesprochen.

Kommunikationskultur. Nicht genug damit, stellt sich die Frage, inwieweit Sie sich hier auf welcher Ebene bewegen. Geht es beispielsweise gerade um eine Einzelperson, um eine Team oder eine ganze Organisation?

> ▶ **Wichtig**
>
> In Kanzleien wie auch in anderen Organisationen müssen Sie mindestens die folgenden drei Betrachtungsebenen strikt voneinander unterscheiden:
>
> - die Individualebene (des Partners, Mitarbeiters, …),
> - die Sozialebene (als Praxis- bzw. Branchengruppe, Standort, …) und
> - die Organisationsebene (der Sozietät bzw. des Netzwerks)[16].

Das ist leichter gesagt als getan – sind Kanzleien doch bekanntermaßen stark horizontal ausgerichtete Gebilde, die keine einem herkömmlichen Unternehmen vergleichbaren Führungsstrukturen besitzen. Die Interessen von Praxisgruppen, Branchengruppen oder gar Standorten sind in den wenigsten Fällen deckungsgleich. Gleichzeitig ist die Vorstellung vom Managing- als einem Machtwortpartner oft unrealistisch. Nichtsdestoweniger gilt der Grundsatz: It's a people's business[17]! Rechtsberatung ist eine gehobene personale Dienstleistung, im Rahmen derer die Sozietätspartner den Charakter einer Kanzlei maßgeblich prägen. Eine klare Ausrichtung und eine passende Organisation sind die Wege zur Umsetzung der für richtig erkannten Maßnahmen[18].

---

[16]S. zur dreigeteilten Betrachtung nach Individual-, Sozial- und Institutions- bzw. Organisationsebene im Einzelnen Gutmann/Quante, Individual-, Sozial- und Institutionenethik, https://www.uni-muenster.de/imperia/md/content/kfg-normenbegruendung/intern/publikationen/gutmann/82_gutmann.quante_-_individual-__sozial-_und_institutionenethik. S. hierzu für den Kanzleibereich ergänzend Schunder-Hartung, Erfolgsfaktor interne Kanzleikommunikation, in: Schulz/Schunder-Hartung, Recht 2030, Frankfurt a. M. 2019, S. 346.

[17]Bestätigend Fritz, Unternehmen Anwaltskanzlei, in: Schulz/Schunder-Hartung, Recht 2030, Frankfurt a. M. 2019, S. 88, und Lichtblau, Die Bedeutung der Marke im digitalen Wandel der Rechtsdienstleistung, ebenda, S. 379.

[18]In diesem Sinne auch Fritz, Unternehmen Anwaltskanzlei, in: Schulz/Schunder-Hartung, Recht 2030, Frankfurt a. M. 2019, S. 89.

1.3 Unterschiedliche Betrachtungssegmente

Kanzleien bewegen sich in einer Matrix, in der nicht nur verschiedene Interessengruppen agieren. Sie gliedern sich auch unabhängig von ihren fachlichen Schwerpunkten in unterschiedliche Segmente, die in sich geschlossene Sektoren bilden und gleichzeitig untereinander über Schnittstellen verbunden sind. Eine dogmatisch saubere Aufbereitung setzt eine Vorentscheidung darüber voraus, welche dieser Bereiche Ihnen wie wichtig ist. Als Nestor der strategischen Kanzleientwicklung unterteilt Benno Heussen 16 Segmente[19] wie folgt:

Ihre Untersuchungsbereiche
1. **Stabilität und Flexibilität:** Dieser Komplex steht für Führung, Kontrolle und Grundwerte der Sozietät.
2. **Ziele, Personen, Maßnahmen und Verantwortung:** Insoweit geht es um strategische und fachliche, Team- und persönliche Ziele, Rechte und Pflichten und deren Verknüpfung.
3. **Strategien:** Dieser Bereich betrifft die Konzentration auf und Entwicklung aus den eigenen Stärken heraus.
4. **Management:** Hier geht es um Führungsstrukturen, Aufbau- und Ablauforganisation, aber auch Dokumentation und Haftung.
5. **Partner:** Das betrifft sowohl Ernennungskriterien als auch Nachhalt, …
6. **Rechtsanwälte, Counsel und Mitarbeiter:** … und hier wird nach Einstellung und Leistungskriterien, umgekehrt nach Perspektiven und Unterstützung gefragt.
7. **Mandate und Mandanten:** Dieser Punkt verschiebt dann den Fokus auf die Kundenseite und deren Nutzen.
8. **Wissen und Erfahrung:** Dieser Sektor steht für Qualitätssicherung und einmal mehr für eine entsprechende Dokumentation.
9. **Fachgruppen:** Dabei steht die Art und Weise der Koordination ebenso infrage …
10. **Standorte:** … wie hier.
11. **Netzwerke:** Der Sektor Netzwerke zielt entsprechend auf beruflich befreundete bzw. Korrespondenzanwälte.

---

[19]In: Heussen, Anwaltsunternehmen führen, 3. Aufl. München 2016, S. 219 ff.

12. **Finanzen:** Der allgegenwärtige Finanzbereich meint nicht nur eine korrekte Buchführung, sondern ebenso sehr die Sicherung der kanzleieigenen Liquidität und die Gewinnverteilung. Die Kennzahlen bzw. Wirkungsindikatoren müssen so definiert sein, dass sie entsprechend herangezogen werden können.

13. **Arbeiten und Leben:** Flexible Arbeitszeitmodelle sind „in" – gleichzeitig müssen sie aber auf den Mandantennutzen hin konfiguriert werden.

14. **Aufteilen von Gewinn und Kosten:** Auch an dieser Stelle geht es nur auf den ersten Blick um rein monetäre Aspekte. Unterstützt die Art und Weise der Aufteilung von Einnahmen und Ausgaben die Grundwerte des Unternehmens?

15. **Kennzahlen, Wirkungsindikatoren und Änderungsverfahren:** Insoweit ist nicht nur zu klären, welche Parameter erforderlich sind, sondern auch, wie sie miteinander in Einklang gebracht werden können („Cockpit"-Funktion) und welche Änderungsverfahren gegebenenfalls bereitstehen.

16. **Verträge und Rechtsformen:** Schließlich müssen Rechtsform und Kanzleistrategie einander entsprechen.

Damit sind wesentliche Elemente dessen, was Sie in der Kanzlei untersuchen können, auf den Punkt gebracht. Daran schließt sich die Frage an, in welchen organisatorischen Rahmen Sie entsprechende Untersuchungen einbetten. Eine praktisch häufige Antwort lautet, das gehöre ins Business Development. Wegen der engen Verzahnung zwischen Unternehmensidentität und Markenbildung wird daneben auch die Außendarstellung i. w. S. bemüht.

1.4 Ansatzpunkt Business Development

Insofern, als Sie.

1. eine eigenständige Interpretation der Kanzleisituation im Hier und Jetzt sowie eine Idee von Ihrer Zukunft entwickeln und

2. diese Vorstellungen dann innerhalb der Sozietät verbreiten und umsetzen[20],

---

[20]Definition der entscheidenden Merkmale nach Becker, Der Business Development Manager – eine Standortbestimmung, in: Becker/Bora/Michalski (Hrsg.), Business Development Management, S. 42.

ist die Entwicklung einer Sozietät maßgeblich mitbestimmt durch ihr Business Development oder kurz: BD. Dabei handelt es sich um einen zentralen Teilbereich des Kanzleigeschehens, der sich in der Mandatsentwicklung manifestiert und unverzichtbar ist[21]. Transformationsstrategien für ein nachhaltiges BD beschreibt Lutz Becker in einem weiteren *essential* der vorliegenden Reihe[22]. Darin finden Sie Antworten auf das grundsätzliche „Warum" des BD Management ebenso wie Ausführungen zu einer sinnvollen operativen Ausgestaltung.

Allerdings ist Business Development nach hierzulande vorherrschendem Praxisverständnis eines nicht: *BD ist kein ganzheitlicher Kanzleientwicklungsansatz.* Vielmehr steht der Begriff im Kanzleialltag für eine betriebswirtschaftlich getriebene Geschäftsfeldentwicklung. Insoweit fokussiert er unmittelbar auf die Erschließung und Weiterentwicklung von Geschäftsmodellen[23]. Das heißt, BD ist ausgerichtet auf die Bewertung von Marketing-Chancen und Absatzmärkten, die Geschäftsanalyse von Kunden und Wettbewerbern, die Anbahnung zukünftiger Geschäfte und Folgegeschäfte sowie das Verfassen von Geschäftsplänen und das Entwerfen konkreter Geschäftsmodelle[24].

Die Frage nach der Kanzleiidentität hingegen entspricht einem umfassenderen Konzept: Sie zielt auf eine ganzheitliche Entwicklung, die für alle oben genannten Stakeholder der Sozietät den identifizierbaren Unterschied bereithält. Über das monetär-sachliche Element hinaus ist es genau diese persönliche Komponente, die die eigene Sozietät im Meer der Dienstleister unverzichtbar macht. Und ihr *in der Folge* den wirtschaftlichen Erfolg auf einem längeren Weg, aber auch zuverlässiger und nachhaltiger sichert, als es ein unmittelbar betriebswirtschaftlicher Ansatz je könnte[25].

---

[21]S. dazu statt vieler die Beiträge bei Schieblon (Hrsg.), Marketing für Kanzleien und Wirtschaftsprüfer, 4. Aufl. Wiesbaden 2018. S. zum Business Development Management von der Geschäftsidee bis zur Umsetzung ergänzend den gleichnamigen Sammelband von Becker/Gora/Michalski (Hrsg.), Düsseldorf 2014.

[22]Becker, Nachhaltiges Business Development Management, Wiesbaden 2018.

[23]In diesem Sinne auch Gora et al., Business Development – Aufbruch oder Rohrkrepierer? in: Becker/Gora/Michalski (Hrsg.), Business Development Management, S. 425 (429).

[24]https://de.wikipedia.org/wiki/Business_Development

[25]S. mit dieser gesamtheitlichen Betrachtungsweise bereits Schulz/Schunder-Hartung et al., Gestern, heute, morgen …, in: Schulz/Schunder-Hartung, Recht 2030, Frankfurt a. M. 2019, S. 417.

▶ **Wichtig** Solide, nachhaltige BD-Strategien sind ein Kernelement
der Kanzleientwicklung. Sie können aber ein ganzheitliches kanzlei-
eigenes Identitätsmanagement nicht ersetzen.

1.5 Ansatzfeld Pressearbeit, Marketing und Markenbildung

Ebenso zentral wie das BD sind für eine gut geführte Kanzlei deren Pressearbeit,
Marketing und Markenbildung. Das gilt auch, aber – was gerne vergessen wird –
keineswegs nur mit Blick auf die Außendarstellung: Auch innerhalb der Sozietät
sollte allen beteiligten Stakeholdern so gut wie möglich vermittelt werden, dass
sie bei Ihnen gut aufgehoben sind. Alle Mitarbeiter – und seien es Auszubildende
– sind gleichzeitig Botschafter, die gerne genauere Beschreibungen weitergeben
als die üblichen Verlautbarungen über „tollen Teamgeist" sowie „kontinuier-
liche Aus- und Weiterbildung". Dagegen offenbart selbst ein Blick auf die
professionell gepflegten Karriereseiten internationaler Wirtschaftskanzleien ein
geradezu erschreckend homogenes Angebotsportfolio. Sogar diese nach eige-
nem Selbstverständnis führende Gruppe von Marktteilnehmern beschränkt sich
auf so austauschbare Punkte wie 1) Arbeit in einem internationalen Umfeld,
2) gute Aus- und Weiterbildungsmöglichkeiten, 3) Teamwork 4) frühen Kontakt zu
– natürlich hochkarätigen – Mandanten, 5) ein kollegiales, partnerschaftliches Miteinander und 6) gute Karrierechancen mit einem überschaubaren Partnertrack[26].

Dabei ist ein gutes Branding im Sinne der Entwicklung einer Marke zum star-
ken Aushängeschild zweifellos eine Kunst für sich. Eine konsistente Markenbildung ist aufwändig. Gleichzeitig ist sie unverzichtbar, um jedem einzelnen
Berufsträger weiterhin die Tür zu öffnen und den Zugang zum Markt zu
erhalten[27]. In einer näherungsweisen Betrachtung unterliegen Sozietäten ebenso
wie natürliche Personen drei Beurteilungsvariablen:

---

[26]Dazu eindrucksvoll Hammersen/Cabras, Jenseits von „me too" – Zur Kommunikation
von Kanzleien, in: Schulz/Schunder-Hartung, Recht 2030, Frankfurt a. M. 2019, S. 355.
S. daneben einerseits Wolff, Medienarbeit für Rechtsanwälte, Wiesbaden 2010, sowie
andererseits Cosack/Hamatschek, Praxishandbuch Anwaltsmarketing, Herne 2013. S. mit
ergänzenden Ausführungen auch zum anwaltliche Werberecht Wolf, Marketing und anwaltliches Werberecht, in: Dombeck/Ottersbach/Schulze zur Wiesche, Die Anwaltssozietät,
Baden-Baden, 2012, S. 193 ff.

[27]Lichtblau, Die Bedeutung der Marke im digitalen Wandel der Rechtsdienstleistung, in:
Schulz/Schunder-Hartung, Recht 2030, Frankfurt a. M. 2019, S. 379.

1. ihrem Verhalten, also ihren Taten,
2. ihren Aussagen, d. h. ihren Worten und
3. ihrem Aussehen, mithin ihrer Erscheinung.

Wird eine Kanzleipersönlichkeit nach

- Herkunft,
- Hintergrund,
- Charakter und Temperament sowie nach
- Bedingungen,
- Zielen,
- Werten und
- Kompetenzen

auf die drei Handlungsfelder

- Verhalten,
- Kommunikation und
- Unternehmenserscheinungsbild

übertragen und über sie transportiert, entsteht eine imageerzeugende kanzlei-eigene Corporate Identity oder CI. Auch dies ist im gelungenen Fall mit einer sehr aussagekräftigen Botschaft verbunden. Allerdings setzt eine derartige Markenentwicklung erst in einem gewissen fortgeschrittenen Stadium ein. Sie setzt nämlich bereits ein profundes Wissen darüber, wer man als Kanzlei ist, voraus.

▶ **Wichtig** Auch die so unabdingbare Selbst- und Außendarstellung ersetzt kein ganzheitliches sozietätseigenes Identitätsmanagement: Erst ein präzises Gesamtbild dessen, wer Sie sind, erlaubt Ihnen einen glaubwürdigen Auftritt.

1.6   Handbuch- und Mandatsarbeit

Jedenfalls aus etwas größeren Anwaltskanzleien ist ein weiterer Faktor zur Vermittlung der eigenen Identität kaum mehr wegzudenken: Schätzungsweise rund 1200 Sozietäten beteiligen sich hierzulande an den Umfragen deutscher und internationaler Handbuchanbieter. In deutscher Sprache führend ist zum einen der Juve-Verlag in Köln, der neben weiteren Publikationen das gleichnamige Handbuch „Wirtschaftskanzleien" mit dem Untertitel „Rechtsanwälte für Unternehmen" herausgibt. Eine Onlineversion der aktuellen Ausgabe ist hinterlegt unter https://www.juve.de/handbuch/2019/de. Nach der 2016 erfolgten Integration des Medienhauses in den Herner Fachverlag NWB wird sie mittlerweile ergänzt durch das in zweiter Auflage erschienene „Handbuch 2019 Steuern", https://www.steuern-buecher.de/juve-handbuch-steuern/.

Zum anderen hat von London aus mit Legalease der weltweit älteste Anbieter vor einigen Jahren die EMEA-Ausgabe von „The Legal 500" um eine eigene deutschsprachige Ausgabe „The Legal 500 Deutschland" erweitert. Das Werk mit dem Subheader „Deutschlands führende Kanzleien – das Handbuch für Mandanten" ist unter https://www.legal500.de/c/deutschland ebenfalls online abrufbar[28]. Beide Werke sind im Wesentlichen werbefinanziert, die Anzeigen werden von Sozietäten geschaltet und finanzieren die Recherchen einer jeweils unabhängigen Fachredaktion. Deren Nachforschungen sind dreigeteilt und bestehen aus umfangreichen schriftlichen Fragebögen, gefolgt von Interviews und anlassbezogenen weiteren Updates bis zum Redaktionsschluss im Herbst.

Im Anschluss verarbeiten die Redakteure die Zuträge der Sozietäten kombiniert mit ihren eigenen Einschätzungen und Hintergrundaussagen – auch – von Peers und Konkurrenten zu einem redaktionellen Text. Dabei schafft es bei Weitem nicht jeder Bewerber ins Buch, je nach Rechtsgebiet übersteigt die Zahl der Darstellungswilligen die Publikationskapazitäten erheblich. Ein typisches Beispiel hierfür ist nach meiner Erfahrung das Arbeitsrecht; groß ist die Konkurrenz auch im „Grünen Bereich", also rund um Gewerblichen Rechtsschutz und Urheberrecht. Neben der Frage des „Ob" gibt es dann noch eine weitere, nicht minder gefürchtete Hürde: nämlich die Positionierung im handbucheigenen Ranking. Sowohl Juve als auch Legal 500 sortieren die Sozietäten[29] in Ligen oder

---

[28]Auf internationaler Ebene besitzt nach Wahrnehmung der Autorin zudem der Europe Guide von Chambers and Partners hohes Renommee. S. hierzu https://chambers.com/guide/europe?publicationTypeId=7 und dort beispielhaft zur deutschen Beurteilung der Banking & Finance-Sozietäten https://chambers.com/guide/europe?publicationTypeId=7&practiceAreaId=6&subsectionTypeId=1&;locationId=92. Eine gewisse Bedeutung im Bereich der „financial and corporate law firms" hat schließlich IFLR 1000, https://www.iflr1000.com/NewsAndAnalysis/IFLR1000-2019-rankings-now-live/Index/7587.

[29]Anders als einzelne führende Anwälte, die im Regelfall schlicht alphabetisch aufgelistet werden.

„Tiers" – auszusprechen wie das Lebewesen und Gegenstand ebenso lebendiger „Moves". Wer hier Erfolge erzielt, dessen Sozietät hat in puncto „gefunden werden und Geschäft entwickeln" bereits einen großen Schritt gemacht.

Weitere Rankings publizieren die allgemeinen Wirtschaftsmagazine. Dort hält man für das Kanzleiensegment anders als bei den Branchenberichterstattern keine spezialisierten Redakteure vor, die direkt bei den Betreffenden ermitteln. Stattdessen arbeitet man mit einer Kombination von Umfragen durch externe Dienstleister, Bewertungen durch Experten des gleichen Fachgebiets und Abschlusskontrollen durch einschlägig erfahrene Ressortredakteure. Das aufwendigste Beispiel hierfür ist das fortlaufende Top-Kanzleien-Format der WirtschaftsWoche, https://www.wiwo.de/themen/wiwo-top-kanzleien, gefolgt von der jährlichen FOCUS-Anwaltsliste, https://www.focus.de/magazin/archiv/redaktion-die-grosse-focus-anwaltsliste_aid_179896.html. Eine weitere bekannte Auflistung stammt vom international tätigen Anbieter Best Lawyers[30] und erscheint als ebenfalls jährliches Handelsblatt Spezial unter dem Titel „Die besten Anwälte und Kanzleien Deutschlands", nachzulesen unter https://www.handelsblatt.com/unternehmen/dienstleister/best-lawyers-die-besten-anwaelte-und-kanzleien-deutschlands-2019/24453148.html?ticket=ST-4401031-PvPE1hcx13DauxVZ4bHp-ap1. Wie jüngste Online-Umfragen für brand eins, Capital und Stern zeigen, legen weitere Magazine nach.

So umstritten diese Bewertungen und Rankings im Einzelfall sein mögen, demonstrieren sie für die betreffende Kanzlei doch etwas sehr Wichtiges:

- Sie stellt im Markt etwas Besonderes dar,
- und zwar nach Meinung der denkbar glaubwürdigsten Instanz, nämlich
  - einer ganzen Gruppe
  - als Fachexperten ausgewählter
  - unabhängiger Dritter.
- Das wiederum ist die Folge eines ganz unverwechselbaren Umstands: Nämlich der ihr eigenen Mandatslage und ihres Auftretens am Markt.

Hätte jede Sozietät alle Mandate, die sie ihrer Meinung nach verdiente und könnte sie diese Mandate ungehindert nach außen tragen, wäre das ideale Fundament für die unverwechselbare Identität der Kanzlei gelegt. Da das in der Praxis aber nicht der Fall ist, kann es auch bei der Handbucharbeit nicht sein Bewenden haben.

---

[30]https://www.bestlawyers.com/current-edition/Germany

▶ **Wichtig** Auch unabhängig davon, ob Sie sich am Wettbewerb und Handbucheinträge und Rankings beteiligen, sollten Sie die kanzleieigenen Mandate in einem kontinuierlichen Prozess so sauber wie möglich erfassen. Ihre Mandate sollten rechtsgebiets-, branchen- und gegebenenfalls auch standortübergreifend aufbereitet sein, werden und bleiben. Dann haben Sie sie nicht nur für Ihre Öffentlichkeitsarbeit jederzeit an der Hand. Sie profitieren auch enorm im Sinne einer schnellen und sauberen Zusammenstellung von Bewerbungsunterlagen für so genannte „BD-Pitches".

Dabei sollten Sie mit Ihren Mandanten immer wieder einmal darüber sprechen, was vielleicht heute nicht mehr so vertraulich ist wie ehedem. Manches wird zunächst routinemäßig als nicht veröffentlichungsfähig eingestuft, irgendwann aber auch vom Unternehmen selbst in der Außendarstellung verwendet. Womöglich können auch Sie dann damit punkten.

▶ **Tipp**
Orientieren Sie sich bei der Erfassung Ihrer Fälle nicht an den gewohnten administrativen Kriterien wie Zuständigkeiten oder Fristen. Für Ihre externen Stakeholder zählen Inhalte. Nachhalten sollten Sie insbesondere:

- den Mandantennamen,
- das Rechtsgebiet,
- die Branche,
- einen Überblickssatz über das Mandat,
- eine kurze (nicht länger als 2–3 Sätze umfassende) Beschreibung von Besonderheiten, darunter z. B.
  - des Geschäfts- bzw. Transaktionsvolumens oder auch
  - grenzüberschreitender Aspekte,
- die federführenden und weitere Namen,
- die Namen weiterer Anwälte aus anderen Sozietäten,
- den Bearbeitungszeitraum und
- sowie die Kontaktdaten der betreffenden Mandanten.

Erfassen sollten Sie auf diesem Wege auch vertrauliche Mandate (bitte ebenfalls kennzeichnen!). Den zum einen führen Redakteure nicht selten Off-Records-Gespräche, um einen besseren Eindruck von Ihrer Gesamtexpertise zu erhalten. Zum anderen muss ein Fall nicht zeitlebens vertraulich bleiben. Haken Sie bei Ihren Mandanten am besten sogar regelmäßig – z. B. halbjährlich – nach: Vielleicht ist mittlerweile gar nichts mehr gegen eine Veröffentlichung Ihrer Beteiligung als Bevollmächtigte einzuwenden?

Abgesehen davon sollte es selbstverständlich sein, dass Sie die Ist-Struktur im Mandatsbereich fortwährend hinterfragen. Wo sehen Sie inwiefern Änderungsbedarf? Ein Klassiker der strategischen Portfolio-Analyse ist beispielsweise die nach der Boston Consulting Group benannte BCG-Matrix[31]. Danach lassen sich Ihre Tätigkeitsfelder, aber auch Mandate zyklisch in

- Nachwuchsbereiche oder Question Marks,
- Stars,
- Melkkühe oder Cash Cows sowie
- Auslaufbereiche oder Poor Dogs

unterteilen. Je nachdem, in welchem dieser Bereiche sich Ihr Untersuchungsgegenstand gerade befindet, gehen damit bestimmte visualisierbare Kostenerfahrungen einher[32].

Zudem sollten Sie an die Erstellung einer Programmstruktur nach der sogenannten ABC-Analyse denken. Dabei wird eine Menge von Objekten – beispielsweise: Mandaten – in die Klassen A, B und C unterteilt, die nach absteigender Bedeutung geordnet sind. Je bescheidener der Beitrag zum vordefinierten Ergebnis, desto geringer sollte unter ökonomischen Gesichtspunkten der betriebene Aufwand ausfallen[33].

Was Sie schließlich mindestens beherrschen und regelmäßig praktizieren sollten, sind SWOT-Analysen[34]. Dabei handelt es sich um Kombinationsanalysen auf Basis eines möglichst genau definierten (Achtung!) Idealzustands. Mithilfe einer Betrachtung Ihrer kanzleieigene Stärken („Strengths") und Schwächen („Weaknesses") einerseits, externer Chancen („Opportunities") und Risiken („Threats") andererseits stellen Sie fest, wie weit Sie auf dem Weg zum Wunschzustand bereits gelangt sind. Eine entsprechende Analysetabelle finden Sie in Tab. 1.1.

---

[31]Hierzu eingehend Weimann, Die Portfolio-Analyse am Beispiel der BCG-Matrix, Norderstedt 2011.

[32]S. einführend https://de.wikipedia.org/wiki/BCG-Matrix.

[33]Einen ersten Überblick über dieses Analysetool entnehmen Sie https://de.wikipedia.org/wiki/ABC-Analyse.

[34]Hierzu einführend https://de.wikipedia.org/wiki/SWOT-Analyse.

Tab. 1.1 SWOT-Kanzleianalyse

SWOT-Analyse zu Idealzustand x, y, z		1. Interne Betrachtung	
		a. Kanzleieigene Stärken – „Strengths"	b. Kanzleieigene Schwächen – „Weaknesses"
2. Externe Betrachtung	c. Umfeldbedingte Chancen – „Opportunities"	Folgefrage: Wie bringen Sie die das, was der Markt gerade zu bieten hat, mit Ihrem besonderen Portfolio in Einklang?	Folgefrage: Wie eliminieren Sie sozietätseigene Schwachpunkte, um die Möglichkeiten, die der Markt bietet, besser ausschöpfen zu können?
	d. Umfeldbedingte Risiken – „Threats"	Folgefrage: Wie neutralisieren Sie durch Ihre Fähigkeiten die aktuellen Herausforderungen?	Folgefrage: Welche Abwehrstrategien können Sie entwickeln, damit Ihre Schwächen sich nicht zu weitergehenden Bedrohungen auswachsen?

Sobald Sie die kombinierten Betrachtungen dazu angestellt haben, wo Sie jeweils stehen, schließen sich entsprechende Folgefragen an.

▶▶ **Wichtig** Entsprechende Übersichten gehören regelmäßig nach vorne auf die Tagesordnung Ihrer Partnerversammlungen. Allerdings geht es auch insoweit beim Erfolgsfaktor Kanzleiidentität noch um *mehr als um die entsprechenden Teilbereiche.* Um einen überzeugenden Gesamtaufbau zu erzielen, müssen weitere Elemente im Sinne eines Überbaus hinzukommen.

1.7   Quality never goes out of style?

Ein erschreckend weit verbreiteter Denkfehler ist der Glaube an den Fortbestand des eigenen Erfolgs allein aufgrund der Qualität der eigenen, komplexen Mandate. Der fachlich hoch qualifizierte Berater brauche gerade den technologischen Fortschritt nicht zu fürchten, ist immer wieder zu hören.

Ein gutes Praxisbeispiel dafür liefert ein Fall des DAV[35]. In der geschilderten Konstellation hatte ein leitender Angestellter über ein Start-up-Onlineportal die Möglichkeit, nach einer Kündigung eine nicht unerhebliche Abfindung zu erzielen. Allerdings drohte ihm aufgrund seines Alters im Anschluss die Arbeitslosigkeit. Mithilfe eines Anwalts erzielte er schließlich ein alternatives Ergebnis: Er erreichte eine lange Freistellungsphase und wandelte die Abfindung damit gewissermaßen in Gehalt um. Die zugehörigen Themen habe der Anwalt für ihn formuliert, betonte der Mandant im Interview. In wenigen Tagen eine Abfindung auszuhandeln, wäre dagegen wirtschaftlich nachteilig gewesen. Auch wenn der Mandant sein Problem möglichst rasch gelöst haben möchte, gibt man ihm Steine statt Brot, wenn man hier für ihn nicht weiterdenkt, das ist vollkommen richtig.

Bei näherem Hinsehen handelt es sich beim Qualitäts- allerdings nicht nur um ein Branchenargument. Das heißt, es sichert allenfalls „der Anwaltschaft", nicht jedoch Ihnen als konkreter Kanzlei die Stellung am Markt. Vor allem aber ist auch die vordergründig intuitiv-erfahrene Arbeit freier Berufsträger keine Zauberei. Auch sie ist letztlich nichts anderes als ein Voranschreiten an Entscheidungsbäumen. „Komplex" heißt hier lediglich „fein verästelt". Dabei praktiziert auch der (menschliche) Berater nichts anderes als ein Kombinieren von Sachverhaltsinformationen mithilfe fachlichen Know-hows zum bestmöglichen Ergebnis. Das ist *qualitativ just* die Verbindung von Daten und Regeln, von „Data x Algorithmus", nur eben *quantitativ auf höherem Niveau*. Die Folge: Sobald die Datenzutrag und Algorithmen besser werden, werden auch entsprechende Plattformen besser. Der menschliche Vorsprung mag damit heute noch da sein, aber er schrumpft. Das gilt umso mehr angesichts dessen, dass wir den künstlich-intelligenten Ernstfall i.e.S. noch vor uns haben. Um es deutlich zu sagen: Auch die praxistauglichen automatisierten Strukturen von heute sind im Verhältnis zu den selbstlernenden Systemen von morgen erst der Anfang. Und wer da meint, seine Kanzlei langfristig vor allem mit (noch so hochwertigen) anwaltlichen Subsumtionsleistungen durchbringen zu können, der hat den Schuss nicht gehört.

Dabei können Sie auch nicht davon ausgehen, dass der Sachverstand und das Wissen, mit denen Plattformen bestückt werden, auch weiterhin von juristisch nur begrenzt versierten Start-ups und Computer-Kids kommen werden. Wenn beispielsweise bei Anwaltskanzleien das seit Jahren umstrittene Fremdbesitz-

---

[35]https://www.youtube.com/watch?v=v0r6RmNVPR4&t=2s

verbot kippt[36], könnte hier dasselbe passieren wie bei Zahnarztpraxen. Diese Praxen werden derzeit in großem Umfang von Finanzinvestoren aufgekauft[37]. Im juristischen Bereich könnten solche Investoren nach dem Erwerb zahlreicher Kleinkanzleien dort beispielsweise flächendeckende Plattformlösungen implementieren, die mit zentralisiertem juristischem Sachverstand entwickelt worden sind.

Entsprechende Szenarien sind umso wahrscheinlicher angesichts aktueller berufsrechtlicher Vorschläge des Bundesministeriums der Justiz und für Verbraucherschutz. Am 27. August 2019 hat das Ministeriums Eckpunkte für eine Neuregelung des Berufsrechts der anwaltlichen Berufsausübungsgesellschaften vorgelegt, die auch Kapitalbeteiligungen vorsehen[38]. Dort heißt es im 7. von 20 Punkten wörtlich: „Es wird auch geprüft, ob reine Kapitalbeteiligungen mit dem Ziel erlaubt werden können, alternative Finanzierungswege durch Wagniskapital für solche Rechtsanwältinnen und -anwälte zu eröffnen, die z. B. im Bereich von Legal Tech hohe Anfangsinvestitionen erbringen müssen, um neue Rechtsdienstleistungsangebote erbringen zu können". Nun ist zwar abzusehen, dass sich dagegen berufsständischer Widerstand formiert. Gleichwohl ist damit die Tür einen ersten Spalt weit geöffnet.

Dass die begrenzte Komplexität von Plattformlösungen derzeit nicht mit der Ihrer guten individuellen Beratung mithalten kann, sichert Sie mit anderen Worten auf Dauer nicht ab. Zwar müssen Sie qualitativ hochwertig beraten (und das auch zeigen), aber das genügt nicht.

---

[36]S. zu den Hintergründen des Scheiterns der KPMG Wirtschaftsprüfungsgesellschaft mit der Zulassung der Anwalts-AG „One KPMG" vor dem Berliner Anwaltsgerichtshof instruktiv https://www.juve-steuermarkt.de/nachrichten/namenundnachrichten/2017/06/neue-gesellschaft-kpmg-scheitert-vorerst-mit-zulassung-einer-anwalts-ag-2.

[37]S. hierzu WirtschaftsWoche Nr. 34 v. 16.8.2019, S. 52.

[38]Der Wortlaut des Papiers ist nachzulesen unter https://anwaltsblatt.anwaltverein.de/files/anwaltsblatt.de/Dokumente/2019/2019-08-27-rb1-kf-rk-eckpunkte-fassung-versendung-rs.pdf.

Kanzleiidentität als ganzheitlicher Faktor 2

2.1 Organisationskulturelles Grundverständnis nach Schein

Ein bekanntes Konzept zur Beschreibung von Organisationspersönlichkeiten ist das Modell des US-amerikanischen Organisationspsychologen Edgar Schein[1]. Danach ist innerhalb eines Gefüges auf drei Ebenen zwischen 1) sichtbaren Verhaltensweisen, 2) dem Gefühl, wie etwas sein sollte und 3) impliziten Grundannahmen zu unterscheiden. Mit anderen Worten gibt es nach Schein

- auf der 1. Ebene eine sichtbare Stufe, unter der auf der 2. und 3. Ebene unsichtbare Stufen liegen, und zwar
- auf der 2. Ebene in Form von Einstellungen, die das Verhalten der Beteiligten bestimmen. Entsprechende Grundausrichtungen reichen beispielsweise von konservativ bis progressiv.
- Auf der 3. Ebene geht es dagegen um Grundlagen, die gar nicht mehr erst hinterfragt werden. Trotzdem sind sie nicht allen Kanzleien gleichermaßen eigen. So scheint (nicht nur) manche Strafrechtsboutique nach dem alten Otfried Preußler-Motto zu verfahren: „Nur eine böse Hexe ist eine gute Hexe!"[2]. Übersetzt heißt das dann beispielsweise, das nur ein besonders

---

[1]Schein, Organisationskultur und Leadership, 5. Aufl. München 2018.
[2]Nach Otfried Preußler, Die kleine Hexe, Stuttgart 1957.

© Springer Fachmedien Wiesbaden GmbH, ein Teil von Springer Nature 2020
A. Schunder-Hartung, *Erfolgsfaktor Kanzleiidentität*, essentials,
https://doi.org/10.1007/978-3-658-28323-0_2

offensiver, womöglich aggressiver Strafverteidiger ein guter Verteidiger sei[3]. Hier geht es unterhalb der sichtbaren 1. und unterhalb der gefühlten 2. Ebene um einen inneren Selbstkern.

An diese Ebenen-Betrachtung schließen sich ihrerseits mehrschichtige Orientierungslinien an. Dazu zählen die von den Anthropologen Clyde Kay Klockhohn und Frank L. Strodtbeck benannten fünf kulturellen Dimensionen[4]:

1. Das Wesen der menschlichen Natur (in seiner Ausprägung von schlecht bis gut mit unveränderlichen und veränderbaren Anteilen),
2. die Beziehung des Menschen zur Natur (eher untergeordnet-schicksalsergeben, harmonisch oder dominant) und
3. zu anderen Menschen (hierarchisch-linear, in kollateralen Gruppen oder individualistisch),
4. seine Zeitorientierung (traditionell-vergangenheitsbehaftet, gegenwarts- oder zukunftsbezogen-innovativ) sowie schließlich
5. sein Aktivitätslevel (als eher seinlassend, werdend oder handelnd).

Im Kanzleialltag spielen zu Punkt (1) beispielsweise Ihre Annahmen zur Vertrauenskultur in der Arbeitszeiterfassung eine Rolle[5]. Auch Ihre Fähigkeit zur interkulturellen Öffnung hängt nicht unmaßgeblich davon ab, wo Sie sich hier sehen. Zu (2) sucht und findet man Ihre Kanzlei im Altbau oder Büroturm, in Holz oder Chrom wieder – und mit beidem vermitteln Sie ganz unterschiedliche Botschaften.

---

[3]In der Praxis kann sich eine entsprechend offensive Vorgehensweise durchaus auszahlen. Ich selbst habe das vor einiger Zeit sehr eindrücklich als Schöffin eines Doppel-Moot Courts mit Examenskandidaten der Frankfurter Universität erlebt. In zwei sachverhaltsgleichen Verfahren hatte das aggressivere nachmittägliche Verteidigerteam eine Zeugin so „angeschossen", dass es anders als im Vormittagstermin zu einem Freispruch kam. So beunruhigend das im Sinne der Rechtspflege war – es war gleichzeitig ein optimales Ergebnis für den Mandanten. S. im Einzelnen Schunder-Hartung, Im Namen des Fachbereichs: Ein Moot Court aus Panelperspektive, JuraCon-Jahrbuch 2016/2017, S. 34 ff.

[4]Instruktiv dazu https://www.youtube.com/watch?v=RtqTNt4Ql18, ca. ab Minute 3:45.

[5]S. hierzu rechtsdogmatisch auch EuGH, Urt. v. 14.5.2019, C-55/18, NZA 2019, 683 – „CCOO" m. Anm. Schrader, NZA 2019, 1035. Danach besteht zwar einerseits eine europarechtliche Pflicht zur Arbeitszeitdokumentation. Abgesehen davon, dass diese sich aber natürlich nicht auf die Partnerebene einer Kanzlei bezieht, hindert sie nicht an einer eigenverantwortlichen Zeiteinteilung.

Ein zentrales Element ist (3), wie einzelpersonenbezogen Sie als Unternehmensgebilde aufgestellt sind. Dabei geht es um weit mehr als um Ausschüttungsmodelle für Equity Partner – auch wenn diese in Kanzleien direkt ins Herz des anwaltlichen Selbstverständnisses zielen. Hier ziehen Sie in Partnerschaften umso mehr Einzelkämpfer an, je individualistischer sie vergüten, das ist eine einfache Wahrheit. Aber auch darüber hinaus stellen sich an dieser Schnittstelle grundlegende Fragen: Welche Bedeutung besitzen im Konfliktfall Vertrauenswürdigkeit, Anpassungsfähigkeit und Kooperation? Aus kollektivistisch verfassten Gruppen sind diese Tugenden nicht wegzudenken. Aber was bedeutet das konkret für Ihre Protagonisten?

Auch bei der Zeitorientierung sub (4) liegt der Teufel im Detail. So punkten Juristen wie Steuerberater einerseits noch immer gerne mit Tradition – mit und ohne Robe. Andererseits sind Veränderungsprozesse allenthalben ein gefragtes Zeichen von Dynamik. „Change Management" ist zum schillernden Modebegriff avanciert[6]. Tatsächlich arbeiten ja auch Ihre Stakeholder zukunftsorientiert: Zahlreiche (potenzielle) Mandanten arbeiten agil, Multiplikatoren im Mediensektor recherchieren auf Frist und der Nachwuchs fühlt sich am wohlsten im Hier und Jetzt – das alles ist gegenwartsbezogen. Entsprechend sensibel ist (5) die Dimension Aktivitätslevel. So ist Ihre Sozietät einerseits selbstverständlich handlungsmächtig. Passivität wirkt im Geschäftsleben unattraktiv. Indes: Gerade mit Blick auf die Jüngeren sollte man einen möglichen Wertewandel hin zu mehr „Laissez-Faire" einpreisen.

Sich mit zusammengebissenen Zähnen hochzuarbeiten, um einmal besser dazustehen als die eigenen Eltern und den Kindern eine sichere Zukunft zu ermöglichen, dabei auf Lebenszeit und -qualität zu verzichten, das ist längst nicht mehr so populär wie zu Babyboomer-Zeiten. Im Verhältnis der Parameter Leistung/Beziehung zueinander hat eine Werteverschiebung stattgefunden. In einer als volatil empfundenen Welt[7] mit schwer planbaren Zukunftsaussichten zählt das Gegenwartserleben viel mehr als früher; entsprechend will es mehr ganzheitliche

---

[6] So häufig man diesen Begriff hört: https://de.wikipedia.org/wiki/Change_Management verweist für den Bereich der Betriebswirtschaftslehre sub „/Veränderungsmanagement" pauschal auf „alle Aufgaben, Maßnahmen und Tätigkeiten …, die eine umfassende, bereichsübergreifende und inhaltlich weitreichende Veränderung – zur Umsetzung neuer Strategien, Strukturen, Systeme, Prozesse oder Verhaltensweisen – in einer Organisation bewirken sollen". Das heißt eigentlich alles und nichts. S. zur praktischen Gestaltung und Mitarbeitermobilisierung vertiefend Stolzenberg/Heberle, Change Management, 3. Aufl. Wiesbaden 2013, sowie zu Grundlagen und Erfolgsfaktoren im Übrigen Lauer, Change Management, 3. Aufl. Wiesbaden 2019.

[7] S. zu Begriff und Bedeutung der „VUCA"-Welt sogleich ausführlicher unten 2.2.1.

Erfahrung ausagiert sein. Das, was geschaffen wird, wird verstärkt als spontaner Ausdruck von Aktivität erlebt. Dabei geht es keineswegs darum, dass nicht viel geleistet und erreicht werden soll. Allerdings wird ein neues Gleichgewicht zwischen Handeln und Dasein angestrebt, in dem die persönliche Entwicklung zunehmend eine besondere Rolle spielt.

Je nachdem, wo Sie sich in der durch diese Faktoren gebildeten Matrix verorten, entstehen ganz unterschiedliche Kanzleigebilde.

2.2   Pyramidenartige Betrachtung nach Dilts

Eine noch differenziertere Betrachtung mit zusätzlichen Dimensionen ermöglichen insoweit die „logischen Ebenen" nach Robert Dilts. Ursprünglich handelt es sich dabei um ein Modell aus dem Bereich des Neuro-Linguistischen Programmierens (NLP), einer Sammlung von Techniken zur Veränderung psychischer Abläufe[8]. Wie die NLP-Techniken i. w. S. werden auch die Dilts-Ebenen häufig in Coaching-Prozessen herangezogen. Wegen ihres hohen Strukturierungsgrads und ihrer besonderen pyramidenförmigen Systematik eignen sie sich aber auch gut zur Analyse und Darstellung von Organisationskulturen. Dabei unterscheidet Dilts von einem äußeren Sockel aus Umweltfaktoren ausgehend zwischen verschiedenen Faktoren mit zunehmendem Verinnerlichungsgrad.

Ihre Betrachtungsebenen
Übertragen auf die Kanzleiidentität, betreffen die Elemente nach Dilts

- auf Ebene 1 die äußeren Rahmenbedingungen, unter denen in der Sozietät gearbeitet wird und
- auf Ebene 2 das dort anzutreffende Verhalten und die Umgangsformen.
- In von außen nicht mehr unmittelbar zu beobachtenden weiteren Ebenen geht es sodann

---

[8]Diese von Bandler/Grinder in den 1970er Jahren entwickelte Methodensammlung greift unter anderem Konzepte aus der klientenzentrierten Therapie, der Gestalttherapie, der Hypnotherapie und den Kognitionswissenschaften sowie dem Konstruktivismus auf. Zu den bekanntesten Vorgehensweisen zählen das Pacing und Leading, zur Neubewertung von Sachverhalten das Reframing. S. näher https://de.wikipedia.org/wiki/Neuro-Linguistisches_Programmieren.

- auf Ebene 3 um die Fähigkeiten und Strategien,
- auf Ebene 4 gefolgt von den Glaubenssätzen und „Eigen"schaften, die man sich dort zuschreibt.
- Dahinter wiederum stehen
- Werte und Filter, die schließlich
- in eine weiter gehende Vorstellung über den Sinn des Kanzleigeschehens als eines solchen münden[9].

Nun handelt es sich dabei zwar erneut um eine Schematisierung, die die Wirklichkeit letztlich nur unvollkommen abbildet. Wie alle Modelle kann sie nur eines tun, nämlich Komplexität reduzieren, um das Verständnis eines Vorgangs zu erleichtern. Dabei sind äußeres Verhalten und innere Haltung in der Realität oft kaum auseinander zu halten. Dennoch ist eine grundsätzliche Unterscheidung der genannten Ebenen sinnvoll: Zum einen wohnen jeder Stufe eigene, spezifische Regelungen inne, um unerwünschte Zustände zu beeinflussen. Zum anderen bauen die verschiedenen Punkte in einer Art Hierarchieverhältnis aufeinander auf.

So richten sich, kurz gesagt, die äußeren Rahmenbedingungen nach der kanzleieigenen Atmosphäre. Dieser ganz spezielle „Sound", das Auftreten der Kanzlei, wird wiederum davon bestimmt, was man dort besonders gut beherrscht. Und: Was man davon auch umsetzt – weil man es für wichtig und richtig hält. Denn das eigene Selbstbild als Sozietät geht in eine ganz bestimmte Richtung, die wiederum dadurch maßgeblich bestimmt ist, wozu man als Kanzlei überhaupt da zu sein glaubt. In diesem Zusammenhang ist es regelmäßig die nächsthöhere Ebene, die die Informationen der darunter liegenden Stufe organisiert. Auch Probleme löst man entsprechend von oben nach unten[10].

---

[9]Insoweit fasst die klassische Betrachtungsweise die Werte und Filter gemeinsam mit den Glaubenssätzen auf Stufe 4 zusammen, trennt davon aber auf einer 5. Ebene einen vergleichsweise enger gefassten Begriff von Identität bzw. Selbstbild und auf einer 6. Ebene Mission bzw. Weltbild ab. Allerdings sind Glaubenssätze und Selbstzuschreibungen *eher eine Frage* der Werte und Filter *als mit ihnen in einer Reihe zu stehen.* Die letztgenannte Differenzierung zwischen Kanzleiselbst- und -weltbild wiederum erscheint hier nicht zwingend. Daher habe ich mich in der vorliegenden Darstellung für eine Werte- und Filterdarstellung auf der 5. Stufe sowie eine kombinierte Selbst- und Weltbilddarstellung auf der 6. Stufe entschieden.

[10]S. zum Ganzen auch instruktiv Scheller, Auf dem Weg zur agilen Organisation, München 2017, S. 400 ff.

Beispielhaft illustriert: Selbst wenn sowohl auf Ebene 1 Rahmenbedingungen als auch auf Ebene 2 Umgangsformen als Kanzleiaspekte jeweils ihren eigenen Gesetzmäßigkeiten genügen – mit der Idee, einen besseren Umgangston durch angenehmere Rahmenbedingungen zu schaffen, werden Sie scheitern. Allenfalls umgekehrt wird ein Schuh draus: Sorgen Sie durch Veränderungen auf höheren (Ziele-, Werte-, usw.) Ebenen für einen besseren Umgangston, und Ihre Stakeholder werden die Sozietät als angenehmeren Aufenthaltsort erleben. Umgekehrt werden die besten Kanzleistrategien das Papier nicht wert sein, auf dem sie stehen, wenn sie den Selbstzuschreibungen ihrer Protagonisten nicht entsprechen. Sie kommen dann schlicht nicht an, und Sie bleiben in puncto Kanzleiidentität stecken.

So sinnvoll für das Verständnis der Dilts-Stufen eine Annäherung von außen nach innen ist, so klar ist damit aber auch, das die praktische Arbeit andersherum zu erfolgen hat: Auf der Suche nach der Kanzleiidentität ist zunächst die Sinnfrage zu stellen, der sich dann die Betrachtung der weiteren Ebenen nach und nach unterzuordnen hat – im wahrsten Sinne des Wortes.

2.2.1 Sinn des Kanzleigeschehens

Die erste Frage muss entprechend lauten, wozu Sie als Sozietät, als Praxisgruppe – analog: Rechtsabteilung –, als Berufsträger eigentlich überhaupt am Markt sind. Welche Bedeutung hat Ihre Tätigkeit für andere, welche Auswirkungen hat sie? Wo wäre die Unternehmenswelt ohne Ihr Zutun?

Mit der Antwort: „Um Geld zu verdienen!" ist es hier nur vordergründig getan. Im Verhältnis der verschiedenen Stakeholder zueinander stecken zahllose Verteilungskonflikte. Die Mandanten sehen die Daseinsberechtigung ihres Dienstleisters sowieso nicht darin, diesen zu alimentieren. Zudem hat sich in den letzten Jahrzehnten das allgemeine Geschäftsklima nachhaltig verändert. Das Gebot einer Effizienzsteigerung in einigermaßen stabilen Strukturen ist einem Agieren in der VUCA-Welt gewichen, also einer Umgebung, die durch volatile, unsichere, komplexe und mehrdeutige Merkmale gekennzeichnet ist[11]. Das Arbeiten in einem solchen Umfeld hinterlässt nach der zutreffenden Einschätzung des

---

[11]Das englischsprachige Akronym steht für 1) Volatility, also Volatilität und Flüchtigkeit; 2) Uncertainty, Ungewissheit und Unsicherheit; 3) Complexity, Komplexität und Vielschichtigkeit sowie 4) Ambiguity, das heißt Mehrdeutigkeit. S. dazu statt vieler https://www.vuca-welt.de/.

Münchener Philosophielehrers Michael Bordt SJ deutliche Spuren in unserem Alltagserleben. Um den Anforderungen der VUCA-Welt standzuhalten, bedarf es einer gefestigten Persönlichkeit, die auch in der Lage ist, Antworten auf die großen Lebensfragen zu geben. Dazu wiederum zählen die Bereiche des Da-Seins und des Warum des Handelns an zentraler Stelle[12].

Beispiel

Ein aussagekräftiges Zitat zum Sinn seiner anwaltlichen Arbeit lieferte der Frankfurter Strafverteidiger Dr. Ulrich Endres in einem Interview mit der FAZ[13]: „Wir leihen unseren Mandanten unsere Zunge, unser Hirn, aber nicht unser Herz. Wir sind für sie als Alter Ego da, weil sie sich selbst nicht ausdrücken können. Viele können das nicht. Und wenn sie nur gefangen sind in der eigenen Person".

Insoweit bewegen sich Kanzleien nicht anders als Einzelpersonen in einem Koordinatensystem aus unterschiedlichen Leitvorstellungen. Ein besonders anschauliches Navigationsmodell hat William Schneider im Jahre 2000 entwickelt[14]. Schneider geht von einander gegenüberstehenden „Core Cultures" aus. Sie lassen sich zusammenfassen wie in Tab. 2.1 ersichtlich.

Je nachdem, an welcher Stelle Sie sich im Planquadrat der Abb. 2.1 befinden, haben Sie als Einheit ganz unterschiedliche Entwicklungsmöglichkeiten. Ihre Verortung entscheidet darüber, für wen Sie attraktiv werden, sind und bleiben und wer sich in Ihrem Haus wie und wie gut in welche Richtung entfalten kann. Je nachdem, wie stark Sie auf einer horizontalen Linie zwischen Individualitäts- und Organisationszentrierung dem einen oder anderen Pol zugeneigt sind, in welchem Ausmaß Sie sich vertikal eher realitätsgetrieben oder idealistisch zielorientiert finden, stehen Sie vor unterschiedlichen Herausforderungen und Problemlagen. Insoweit Sie Veränderungen anstreben, gelingt der Weg von der einen zur diagonal anderen Zielkultur regelmäßig auch nicht direkt. Er funktioniert allenfalls über direkt benachbarte Zwischenstadien.

---

[12]Hierzu prägnant Bordt, Einen Leadership-Algorithmus wird es nie geben, Frankfurter Allgemeine Verlagsspezial New Work 2019, S. 15.

[13]FAZ Nr. 197 v. 26. August 2019, S. 7.

[14]S. zum Kulturmodell nach Schneider instruktiv Scheller, Auf dem Weg zur agilen Organisation, S. 359 ff., sowie für den Kanzleibereich Schunder-Hartung, in: Schulz/Schunder-Hartung (Hrsg.), Recht 2030, Frankfurt a. M. 2019, S. 7 f.

Tab. 2.1 Kulturenbeschreibung nach William Schneider

Collaboration Culture	**Zusammenarbeitskultur:** Die Kanzlei versteht sich als Orchester, alle (auch externe) Stakeholder werden nach Möglichkeit ins Team geholt. Nur Führungskräfte, die wirklich Dinge in Bewegung und zu einem Ende bringen, haben auf Dauer Autorität. Von allen Kulturen ist die Zusammenarbeitskultur am stärksten demokratisch[1]
Control Culture	**Faktenorientierte Anweisungskultur:** Der einzelne Kanzleiangehörige erinnert als Person an eine „Hand im Wasser": Sobald man sie wieder herauszieht, schließt sich die Oberfläche, als sei nichts geschehen. Mit anderen Worten zählt hier nicht die Person, sondern die Position, die sie innerhalb der Hierarchie ausfüllt (und die ihr als solche durchaus Autorität verschafft)
Competence Culture	**Kompetenzkultur:** Hier zählt das beste Beratungsprodukt zu einem hohen Preis. Entsprechend definieren sich die Beziehungen zu den Kanzleimitarbeitern über die Sachaufgabe, die es zu bewältigen gilt. Anders als in der Anweisungskultur zählt aber statt organisatorischer vor allem konzeptionelle Systematik
Cultivation Culture	Vervollkommnungskultur: Dabei geht es um ein Verfolgen höherer, idealer Ziele, etwa das Otto Schily zugeschriebene Bonmot, man müsse das Recht auch gegen den Staat verteidigen

[1] Anschaulich https://allesagil.net/2012/08/19/die-balancierte-organisationskultur/

2.2.2 Werte und Filter

Für welche Ideale stehen Sie und Ihre Protagonisten in welchem Maße? Was ist besonders wichtig für Sie? Folgende 20 Faktoren eignen sich in besonderem Maße als Ansatzpunkte:

Ihre Kernwerte

- Anerkennung und Wertschätzung
- Anpassung
- Autorität, Einfluss und Machtstreben
- Ehre, Ruhm und Status
- Eigeninitiative
- Einkommensorientierung und Gewichtung von Finanzfragen
- Erfolgswille
- Fortschrittsglaube

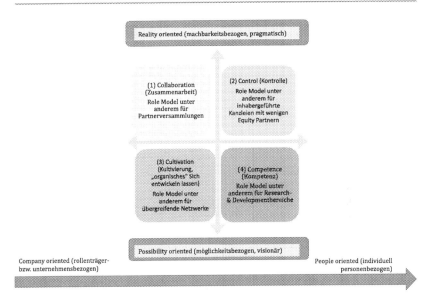

Abb. 2.1 Kulturen-Matrix nach William Schneider. (Quelle: Schulz/Schunder-Hartung (Hrsg.), 2019)

- Freiheitswille und Selbstbestimmung
- Freude und Spaß
- Gerechtigkeitsstreben
- Harmonie und kollegiale Zusammenarbeit
- Herausforderung und Abwechslung
- Mußezeiten
- Ordnungsliebe
- Planungssicherheit
- Unabhängigkeit
- Verantwortung
- Work-Life-Balance
- Zeitsouveränität beim Arbeiten

Was bedeuten diese Werte für Sie, und vor allem: Welche dieser Werte sind im Konfliktfall für Sie wie viel wichtiger als welche andere? Eine darauf bezogene

Untersuchung ist ebenso grundlegend wie herausfordernd – grundlegend zur Schärfung Ihres eigenen Profils, schwierig zum einen wegen deren Vielzahl. Zum anderen dürfen Sie sich hier als Sozietät nicht auf eine Werteermittlung auf Individualebene beschränken. Wie schon[15] ausgeführt, müssen Sie sich neben der Ebene der Gesamtorganisation vor allem auch um die Sozialebene kümmern, sprich: um die Einschätzung Ihrer Praxisgruppen, Branchengruppen. Standorte. Wieviel Eigeninitiative ist dort erwünscht? Wie steht es um deren zeitliche Einbindung? Welche Kompromisse lassen sich erzielen und dann auch ertragen?

Entsprechende Themen müssen in einem strukturierten Verfahren bearbeitet, die Ergebnisse zusammengeführt werden.

Dabei ist auch dem nachzugehen, was die Beteiligten überhaupt wahrnehmen, worauf sie achten und wie sie es tun. Dieses Element zielt auf den Faktor Wahrnehmungsfilter. Derartige Filter sind neurologisch, kulturell und sozial bedingt; sie resultieren aus neurolinguistischen Besonderheiten ebenso wie aus persönlichen Vorerfahrungen. Um in der Flut der Eindrücke nicht unterzugehen, werden alle Stakeholder die Sachverhalte, die ihnen begegnen, in unterschiedlichem Maße und in unterschiedlicher Weise verallgemeinern, tilgen, verzerren usw. – ein Phänomen, dem sie besonders im traditionell nur schwach hierarchisch ausgeprägten Unternehmenstyp Kanzlei nur unter großen Mühen entgegenwirken können (etwa durch gezieltes Business Coaching).

Über welche unterschiedlichen inneren Steuerprogramme alle Beteiligten verfügen, zeigen die in Tab. 2.2 aufgelisteten zehn Parameter.

Schließlich müssen Sie auf der Filterebene ein weiteres Phänomen einpreisen, das unabhängig von der konkreten Ausrichtung einzelner Wahrnehmungen eine ebenso unvermeidbare wie ungute Rolle spielt. Gemeint ist der so genannte „Blinde Fleck", nämlich das, was man selbst nicht sieht, was andere aber sehr wohl wahrnehmen – und sei es auf kollektiver Ebene[16]. So sind nach verbreiteter Ansicht die „Zettel auf den Rücken der Sozietäten" dicht beschrieben; anders als beispielsweise Ärzte gelten gerade Anwälte als „stabil unbeliebt"[17].

---

[15]Oben unter 1.2.

[16]S. zu diesem Phänomen bereits Schunder-Hartung, Neue Handlungsmuster für das digitale Zeitalter, in: Schulz/Schunder-Hartung, (Hrsg.), Recht 2030, Frankfurt a. M. 2019, S. 13 f., sowie dies., Erfolgsfaktor interne Kanzleikommunikation, ebenda, 341. Den Gesamtzusammenhang erhellt das von Joseph Luft und Harry Ingham schon in den 50-er Jahren entwickelte „Johari"-Fenster, https://de.wikipedia.org/wiki/Johari-Fenster.

[17]S. hierzu https://www.lto.de/recht/nachrichten/n/ranking-berufsgruppen-2015-befragung-forsa-beamtenbund/. Zu Verhalten und Umgangsformen Näheres unten unter 2.2.5.

Tab. 2.2 Zentrale Steuerprogramme

Aktivität	Wer geht eher auf neue Aufgaben und Personen zu, wer wartet ab?
Aufmerksamkeitsaus-richtung	Ist sie selbst- oder fremdbezogen?
Chunk-Größe	Chunks sind Informationsblöcke, und in welcher Größenordnung Sie sie aufnehmen und verarbeiten, bestimmt maßgeblich darüber, wie wohl Sie sich in kleinteiligen Aufgaben-Zusammenhängen fühlen **Beispiel** Anwalt A beschreibt den Kollegen ein neues Mandat wie folgt: „Wir haben am Donnerstag ein neues mittelständisches Unternehmen in X aufgetan. Der Geschäftsführer wirkt ein bisschen unsicher. Ist wohl noch nicht so lange dabei und möchte jetzt keinen Fehler machen. Herr Dr. Y hatte uns auf dem Rückweg nach dem IHK-Seminar in Z angesprochen, von dem ich euch erzählt hatte. Wir haben uns ein paar Vorgänge daraufhin ansehen, ob sie das mit den Geschenken an Firmenkunden so weiterlaufen lassen können oder nicht." Kollege B schildert den gleichen Fall so: „Wir haben ein neues Mandat. Compliance."
Repräsentationssystem	Wen in der Kanzlei erreicht Sie am besten auf welchen Sinneskanälen – durch optische Präsentationen, akustische Erörterungen oder auch Versuchsanordnungen mit Spielfiguren zum Schieben? Jeder Einzelne arbeitet im Regelfall mit zwei der fünf VAKOG-Sinne stärker als mit den drei anderen. Dabei steht V steht für visuell (Sehen), A für auditiv (Hören), K für kinästhetisch (Berühren), O für olfaktorisch (Riechen) und G für gustatorisch (Schmecken). Interne Business Lunches können im Zuge dessen eine ganz neue Bedeutung erlangen.
Lösungsanspruch	Wo sind die Perfektionisten, wem genügt ein bloßes Optimieren?
Motivationsausrichtung	Wer will bloß weg von alten Leiden, wer ist ein zukunftsorientierter Hin-Zu-Typ?
Motivationsbezug	Und woraus wird die Motivation geschöpft: aus sich selbst heraus oder von außen? Entsprechend unterschiedlich viel Lob brauchen die Betreffenden
Umweltanpassung	Hier wiederum gibt es die spontanen Laissez-faire-Typen, die für Überraschungen gut sind, ebenso wie die Strukturierten, die der Umwelt ihren Stempel aufdrücken möchten
Veränderungs-empfinden	Sehen Sie die Suppe oder das Haar, als „Matcher" oder „Mismatcher"?

2.2.3 Glaubenssätze und „Eigen"schaften

Eng verwandt mit der Werteebene, aber eine Stufe darunter angesiedelt ist der Bereich der Glaubenssätze und Selbstzuschreibungen. Was glauben Sie eigentlich, wer Sie sind, und woraus Sie im Markt besonders schöpfen? Sind Sie die preiswertesten, coolsten, kämpferischsten, smartesten Anbieter Ihrer Dienstleistungsprodukte auf Ihrem Markt? Oder beschäftigen auch Sie „die Besten und davon die Nettesten"? Entsprechende Selbstzuschreibungen über Attraktivität und Alleinstellungsmerkmale lassen sich wohlfeil formulieren – sie sind in dieser Form aber zu allgemein und damit nicht aussagekräftig.

In Kanzleien lässt sich das herrschende Selbstbild immerhin jedenfalls indirekt dem Vergütungssystem entnehmen, das dort praktiziert wird. Auch insoweit gibt es ja bekanntlich erhebliche Unterschiede, und einer Kanzlei, die ihre Anwälte grundsätzlich nach Dauer der Betriebszugehörigkeit im Lockstep-Verfahren vergütet, glaubt man die gelebte Solidarität im Zweifel eher. Je mehr die Berufsträger wirtschaftlich füreinander einstehen müssen, umso wichtiger ist umgekehrt der „Personal fit". Dagegen nimmt man einer Kanzlei mit stark beitragsorientierten Vergütungsmodellen eine „Culture of friendship" nicht unbedingt ab. Andererseits ist dort der Anpassungsdruck weniger hoch – jedenfalls auf Ebene derjenigen, die die Hefte in den Händen halten. Das wiederum kann positive Konsequenzen im Sinne größerer Aufstiegschancen für Kollegen haben, die bestimmte Umsatzvorgaben nicht mitgehen wollen oder können.

> ▶ **Tipp**
> Um Ihren kanzleieigenen Glaubenssätzen und „Eigen"schaften näher zu kommen, können Sie sich wie folgt hinterfragen:
>
> - Wenn wir … auch weiterhin so praktizieren, dann wird es dahin kommen, dass …;
> - Unsere Märkte sind so beschaffen, dass …;
> - Unsere Stakeholder a, b, c, … erwarten von uns, …;
> - Wir erfüllen diese Erwartungen (nicht), wenn wir …;
> - Deshalb müssen wir uns so verhalten, dass ….
>
> Für den Klärungsprozess können Sie die bereits vorgestellte SWOT-Analyse[18] gut als Strukturhilfe verwenden.

---

[18]S. oben in 1.6.

2.2.4 Fähigkeiten und Strategien

Die Entwicklung guter Kanzleistrategien ist ebenso wichtig wie heikel. Denn hier kommt geradezu brennglasartig ein zentraler Grundsatz der Organisationsentwicklung zum Tragen: „Culture eats strategy for breakfast!". Dieses vom US-amerikanischen Ökonom und Managementberater Peter Drucker stammende Zitat räumt auf mit der laienhaften Vorstellung, dass alles mit allem „irgendwie" zusammenhängt. Vor dem Hintergrund der Dilts-Ebenen formuliert: Zuerst müssen Ihre kanzleiimmanenten inhärenten Überzeugungen klar sein, erst dann können Sie auf Grundlage Ihrer Fähigkeiten passende Strategien entwickeln. Wenn sie dagegen nicht im Einklang mit Ihren übergeordneten Selbstzuschreibungen steht, wird die beste Strategie nicht funktionieren.

Was dabei Ihr Portfolio an Fähigkeiten betrifft[19], so verfügen Sie über einen ganz besonderen Mix an Berufsträgern, an Anwälten und/oder Notaren und/oder Steuerberatern und/oder Wirtschaftsprüfern und/oder Patentanwälten bzw. an Unternehmensjuristen[20]. Sie arbeiten an bestimmten Standorten in bestimmten Rechtsgebieten von A wie Anwaltsrecht bis Z wie Zwangsvollstreckungsrecht[21], unter Umständen gehört Ihrer Sozietät eine wachsende Zahl von Fachanwälten an[22]. Gleichzeitig haben Sie sich individuell, auf Gruppen- oder Organisationsebene[23] auf bestimmte Branchen spezialisiert. Zur dogmatischen kommt womöglich weitere Expertise hinzu, etwa auf Mediationsebene. Je vielschichtiger hier die Auswahl ist, umso drängender stellt sich die Gretchenfrage: Wie proaktiv sollen die Mitarbeiter der Kanzlei ihre Fähigkeiten denn überhaupt einsetzen dürfen? Konkret: Wer bekommt wofür wieviele Mittel? Je nachdem, welche Stimmen und Strömungen hier welches tatsächliche Gewicht erhalten, bewegt sich das Kanzleiganze in eine unterschiedliche Richtung.

Sobald und soweit Sie bis zu diesem Punkt vorgedrungen sind, ist es Zeit für einen Plan mit den passenden Handlungsschritten, also für eine Strategie im eigentlichen Sinne. Dabei steht Strategie für das längerfristige, nachhaltige Verfolgen Ihrer Ziele[24]. Insoweit sind alle, vor allem: nicht nur monetäre Faktoren zu

---

[19]S. zum besonderen Umgang mit Ihrem Mandatsbestand bereits oben 1.6.

[20]Vgl. hierzu und zu weiteren Sonderformen im Kanzleibereich auch https://de.wikipedia.org/wiki/Kanzlei.

[21]Pars pro toto: https://www.jurawiki.de/RechtsGebiet.

[22]Einen Überblick über die Rechtsgebiete, in denen derzeit Fachanwaltstitel verliehen werden, liefert https://www.brak.de/fuer-verbraucher/anwaltssuche/fachanwaelte/.

[23]S. oben 1.2.

[24]S. zur Strategieentwicklung statt vieler das in dieser Reihe erschienene Einführungswerk von Sternad, Strategieentwicklung kompakt, Wiesbaden 2015, sowie das ebenfalls als Springer *essential* publizierte Buch von Sauter/Staudt, Strategisches Kompetenzmanagement 2.0, Wiesbaden 2015.

berücksichtigen. Die menschlichen Ressourcen spielen eine zentrale Rolle. Das zu verstehen ist umso wichtiger, als sich die Beteiligten durchaus nicht immer ökonomisch-zweckrational verhalten.

▶ **Tipp**

Um an diesem Punkt nicht zu viele unangenehme Überraschungen zu erleben, sollten Sie Basiswissen aus dem Bereich der Spieltheorie besitzen[25]. Denn selbstverständlich besitzen die Stakeholder Ihrer Kanzlei nicht nur

- eine bestimmte Mentalität,
- bestimmte Fähigkeiten und Fertigkeiten,

sie verfolgen auch

- bestimmte Interessen und Absichten.

Daraus ergeben sich Konfliktpotenzial und Bündnischancen gleichermaßen, und Sie müssen sich über das Ob und Wie des Ausspielens verschiedener Optionen im Klaren sein. Im Idealfall bereiten Sie passende Handlungsschritte systematisch in Entscheidungsbäumen vor.

Soweit Sie diesen Aufwand nicht systematisch in Form von Entscheidungsbäumen betreiben möchten, sollten Sie im Mindesten durchweg praxisAFFIN vorgehen[26]. Dieses in der vorliegenden Form von aHa Geschäftsentwicklung geschaffene Akronym steht für die Aufforderung zum ständigen Analysieren, Formulieren, Festlegen, Implementieren und Nachhalten der untersuchten Ist- bzw. Soll-Zustände.

Merke

PraxisAFFIN arbeiten bedeutet für Sie:

1. Analysieren Sie fortlaufend den Ist-Zustand.
2. Formulieren Sie regelmäßig den Soll-Zustand.

---

[25]Instruktiv hierzu Dixit/Nalebuff, Spieltheorie für Einsteiger, Stuttgart 1997.

[26]Hierzu eingehend Schunder-Hartung, in: Schulz/Schunder-Hartung (Hrsg.), Recht 2030, Frankfurt a. M. 2019, S. 11 f.

Tab. 2.3 SMARTE Zielfestlegung

S	Specific	**Spezifisch:** Definieren Sie Ihr Vorhaben so präzise wie möglich. Nähern Sie sich in mehreren Durchläufen spiralförmig immer weiter an. Sie erreichen Ihr Ziel, indem Sie welche Maßnahmen ergreifen?
M	Measurable	**Messbar:** Legen Sie alle verfügbaren Messbarkeitskriterien zugrunde.
A	Attractive	**Attraktiv:** Wählen Sie dabei stets positive Zuschreibungen und Formulierungen. Wo möchten Sie hingelangen – nicht: Was möchten Sie künftig vermeiden?
R	Realistic	**Realisierbar:** Das gesteckte Ziel müssen Sie aus eigener Kraft realisieren können, mit eigenen Ressourcen und aus sich heraus. Konfigurieren Sie es entsprechend
T	Time-bound	**Terminiert:** Schließlich müssen Sie Ihr Vorhaben mit einem fixen Ablaufzeitpunkt belegen. Dieser Zeitpunkt variiert je nachdem, ob Sie es langfristig als strategisches oder kurz- bzw. mittelfristig als taktisches Ziel avisiert haben

3. Legen Sie eine bestimmte Vorgehensweise fest, um den Soll-Zustand zu erreichen.
4. Implementieren Sie Ihr Vorhaben. Das heißt, achten Sie selbst, gegenseitig und/oder mithilfe interner oder externer Feedback-Geber konsequent auf eine Umsetzung.
5. Halten Sie Ihre Vorhaben zielgenau nach.

Dabei sollte Ihre Zielfindung ihrerseits „SMART" erfolgen. Dieses bekannte Akronym aus dem Projektmanagement steht je nach englischsprachiger oder deutschsprachiger Aufschlüsselung für fünf gleichzeitig erfüllte Bedingungen[27]. Sie finden sie in Tab. 2.3.

Die so festgelegten Ziele bilden ihrerseits die Grundlage für Projektpläne, auf deren Basis dann die oben genannte Umsetzung und Überprüfung erfolgen. Dabei wiederum arbeitet man mit Milestones oder zu Deutsch: Meilensteinen. Das sind Zwischenpunkte, die für überprüfbare Etappen sorgen und die Kontrolle des

---

[27]Statt vieler https://de.wikipedia.org/wiki/SMART_(Projektmanagement).

Projektfortschritts erheblich erleichtern[28]. Bevor man solche Ziele gleich welchen Umfangs angeht, empfiehlt sich in der Praxis allerdings dringend eine erweiterte Vor- und Nachteilsprüfung. Das Umsetzen neuer Vorhaben ist immer auch mit Anstrengungen und Risiken verbunden. Wer sich hier nicht von vorneherein klarmacht, wem was zu welchem Preis zugemutet werden kann und soll, der steht im Nu auf verlorenem Posten.

2.2.5   Verhalten und Umgangsformen

Der Verkauf qualifizierter Dienstleistungen verleiht dem „Faktor Mensch" in Kanzleien zentrale Bedeutung. Damit steht und fällt der Kanzleierfolg mit der Kunst, die richtigen Menschen zusammenzubringen, diese anzuleiten, zu unterstützen und zu führen[29].

Statistisch gesehen, scheint dabei jedenfalls unter den anwaltlichen Beratern ein individualistisch-skeptischer Grundtypus zu dominieren. Tendenziell wird dieser Berufsgruppe eine deutlich wahrnehmbare intellektuelle Ungeduld zugeschrieben, gepaart mit begrenztem Einfühlungsvermögen[30]. In Verbindung mit dem oben skizzierten Anforderungsprofil spricht Robin Fritz – durchaus nicht unfreundlich – von einer „gemischten Raubtiergruppe", die beisammen und bei Laune zu halten entsprechend schwierig ist[31]. Gleichzeitig sind Anwälte auf persönlicher Ebene nicht allzu konfliktfreudig oder kritikfähig. Auch wenn dieser ergänzende Befund auf den ersten Blick überraschen mag – Juristen agieren nun einmal gerne in Rollen. Ihre gesamte Profession ist strukturkonservativ, das sozialisiert und prägt ihre Protagonisten fortwährend[32]. Dieser Umstand strahlt auf das gesamte professionelle Umfeld aus.

---

[28]S. dazu einführend https://de.wikipedia.org/wiki/Meilenstein_(Projektmanagement).

[29]Fritz, Unternehmen Anwaltskanzlei, in: Schulz/Schunder-Hartung, Recht 2030, Frankfurt a. M. 2019, S. 88 f.

[30]Schunder-Hartung, Neue Handlungsmuster für das digitale Zeitalter, in: Schulz/Schunder-Hartung, Recht 2030, S. 8 f. m. w. Nachw.

[31]Fritz, Unternehmen Anwaltskanzlei, in: Schulz/Schunder-Hartung, Recht 2030, Frankfurt a. M. 2019, S. 88.

[32]S. hierzu ausführlich Schunder-Hartung, Neue Handlungsmuster für das digitale Zeitalter, in: Schulz/Schunder-Hartung, (Hrsg.), Recht 2030, S. 8 f. m. w. Nachw.

Ungeachtet dessen gibt es aber natürlich auch insoweit unterschiedliche Persönlichkeitstypen[33]. Unter der Vielzahl der Psychografien besonders anschaulich ist das seit den Fünfzigerjahren weiter entwickelte Wertemodell nach Clare W. Graves. Graves unterscheidet, verkürzt gesagt, acht Ebenen. Dabei handelt es sich um unterschiedliche Kulturstufen, von denen eine nach dem Graves-Modell in die nächste übergeht, sobald und soweit die Umweltbedingungen eine Weiterentwicklung verlangen. Aus dem Graves'schen Werteschema lässt sich nun aber nicht nur das emergente, zyklische Doppelhelix-Modell eines reifen, (zunehmend) erwachsenen bio-psychosozialen Verhaltens entnehmen. Es zeugt auch auf eindrückliche Weise von bestimmten (all-)gegenwärtigen Persönlichkeitstypen auf dem Weg dorthin. Dazu zählt Graves vor allem

- Bürokraten und
- Materialisten,

und daneben in jeweils geringerem, aber ebenfalls signifikantem Maße unter anderem

- Einzelkämpfer und
- Beziehungsmenschen.

Während für erstere grob gesagt Wahrheitsglaube und Regeltreue charakteristisch sind, testen die Zweitgenannten mit bemerkenswertem Pragmatismus die Situationen ihres Arbeitsalltags daraufhin aus, wie sehr sie selbst auf ihre Kosten kommen. Ob sie dafür mit, neben oder notfalls auch gegen andere arbeiten, ist ihnen weniger wichtig – ganz im Gegensatz zu den beiden letztgenannten Typen. Einzelgänger vertrauen auf sich selbst, Beziehungsmenschen setzen auf Gemeinschaftswerte[34].

---

[33]Hierzu auch schon Schunder-Hartung, Erfolgsfaktor interne Kanzleikommunikation, in: Schulz/Schunder-Hartung, Recht 2030, Frankfurt a. M. 2019, S. 343 f. m. w. Nachw. sowie dies., Richtig reden: Wie Sie durch bessere Kollegenansprache mehr erreichen, GP Special Kapitalmarktrecht 2019, S. 72 f.

[34]In der Graves'schen Betrachtung entwickelt sich als dritte, rote Entwicklungsstufe der nach Unabhängigkeit strebende, selbstzentrierte einsame Streiter heraus, gegen dessen Egotrips auf der vierten, blauen Stufe nur Gesetze und Regeln helfen. Auf der orangenen fünften Ebene erfolgt der Übergang zum ergebnisorientierten „Gewinn"streben. Die damit einhergehende Entfremdung führt auf der grünen sechsten Stufe zu einer stärke-

Die hier als Bürokraten und Materialisten bezeichneten Klassen sollen einen
Anteil von je 30 % der Erwachsenenbevölkerung ausmachen, die anderen beiden
Typen sollen zusammengenommen ebenso zahlreich sein.

▶ **Wichtig** Eine einigermaßen zutreffende Einordnung Ihrer Stakeholder
ist unabdingbar für einen konstruktiven Umgang miteinander. Einzel-
gängern bekunden Sie am besten Respekt, lassen Sie ansonsten
aber eher in Ruhe. Beziehungstypen sollten Sie in besonderem Maße
Gruppenstrukturen zur Verfügung stellen und sie durch wertschätzendes
Feed-back fördern. Materialisten berauben Sie tunlichst wenig ihrer
Statussymbole, übrigens auch nicht etwaiger Titel in der Kommunikation. Und dem bürokratischen Typus gewähren Sie eine möglichst umfassende Rückversicherung hinsichtlich Ihres gemeinsamen
Arbeitskorridors, in dem bestimmte Konventionen Geltung haben und
behalten. Die Fehler, die Sie in diesem Bereich begehen, kosten Sie
umgekehrt Zeit und Nerven, im schlimmsten Fall verlieren Sie fachlich
gute Mitstreiter, bleiben oder werden für andere Beteiligte uninteressant.

Eine etwas unkompliziertere Betrachtungsweise unterscheidet die eher außen-
orientierten von den eher in sich gekehrten Typen. In der erstgenannten Gruppe
wiederum gibt es

- die dominanten Vertreter, die
- den Initiative zeigenden Teamplayern gegenüberstehen.

Beide reagieren auf die Impulse ihres Umfelds gleichermaßen extrovertiert, legen
dabei aber eine durchaus unterschiedliche Freundlichkeit und Ausführlichkeit im
Umgang mit anderen an den Tag. Den introvertierten Typen wiederum ist zwar
gleichermaßen eigen, dass sie ihrer Umgebung zurückhaltend begegnen. Aber
auch hier sind verschiedene Charaktere zu unterscheiden – ist doch

- der eine eher gewissenhaft-sachorientiert, während
- der andere eher einen stetigen persönlichen Umgang pflegt.

Eine dazu passende Typologie von William Moulton Marston ist das bereits 1928
entwickelte DISG-Modell mit den vier Grundtypen Dominanz, Initiative, Stetigkeit

---

ren Gruppenidealisierung. S. zum Graves-Value-System in der praktischen betrieblichen
Anwendung anschaulich Bär/Krumm/Wiehle, Unternehmen verstehen, gestalten, verändern, 3. Aufl. Wiesbaden 2014.

und Gewissenhaftigkeit[35]. Jedem Typus ist auch hier eine Farbe zugeordnet. Danach sind rote dominante Typen selbstbezogen und anspruchsorientiert, entsprechend direkt steuern sie ihre Ziele an. Währenddessen sind gelbe initiative Typen begeisterungsfähig und gruppentauglich. Der stetige grüne Typ ist ebenso teamfähig, da personenbezogen, gleichzeitig aber tendenziell passiv-abwartend strukturiert. Dagegen ist der gewissenhafte blaue Vertreter präzise bis zum Perfektionismus, ein echter Systematiker.

Versuchen Sie nun, den roten Partner durch ein interessantes Storytelling zu überzeugen, überstrapazieren rasch seine Geduld. Hingegen holen Sie den gelben Kollegen mit den bei Rot beliebten knappen Verweisen auf „ZDF – Zahlen, Daten, Fakten" nicht ab. Ohne messbare Zielgrößen scheitern Sie an Partnern aus dem blauen Farbspektrum, während Sie im grünen Bereich nach Marston mit genau jenem Last-Minute-Druck scheitern, den Ihre roten Stakeholder womöglich besonders belebend finden.

Eine weitere Klassifizierung, die noch stärker die Brücke hin zur anwaltlichen Arbeitsweise schlägt, beschreibt „The Four Types of Attorneys"[36]. Das sind

- the Finder,
- the Minder,
- the Binder,
- the Grinder.

Kurz gesagt, sind die Erstgenannten visionäre Entdeckertypen, die ideen- und typischerweise auch akquisestark sind. Minder sind hingegen am ehesten Lotsen: Häufig mit einer gewinnenden Art ausgestaltet, tragen sie zum Erfolg der Kanzlei durch inspirierende Leistungen im Team bei. In besonderem Maße menschenzentriert sind sodann die verbindenden Binder – und stehen damit den Grindern oder Schleifern diametral gegenüber. Grinder sind effizient, effektiv, verfahren dabei aber auch nach dem Prinzip „Wo gehobelt wird, fallen Späne".

Wenn Sie vor diesen Unterschieden die Augen verschließen, wenn Sie Ihre Teams typologisch unpassend zusammensetzen oder in ungünstigen Konstellationen

---

[35]S. hierzu https://de.wikipedia.org/wiki/DISG. Hilmar Benecke hält den DISG-Persönlichkeitstest für das „in Deutschland wahrscheinlich am häufigsten in Unternehmen und Coachings eingesetzte standardisierte Verfahren zur Erstellung eines Persönlichkeitsprofils", https://www.mensch-und-psyche.de/typenmodelle/das-disg-modell/.

[36]https://www.bcgsearch.com/article/900046501/The-Four-Types-of-Attorneys-The-Finder-Minder-Binder-and-Grinder/

Tab. 2.4 Mediations-Leitsätze nach Fisher/Ury

People	**Personen – Separate the people from the problem:** Beurteilen Sie die Herausforderungen (Sachfragen) und die darin involvierten Menschen immer separat voneinander
Interests	**Interessen – Focus on interests, not positions:** Lassen Sie sich niemals auf Positionsstreitigkeiten ein, sondern fokussieren Sie stets auf die dahinterstehenden Interessen
Options	**Möglichkeiten – Invent options for mutual gain:** Schaffen Sie Win-win-Angebote für alle Beteiligten
Criteria	**Maßstäbe – Insist on using objective criteria:** Bestehen Sie auf neutralen, sachbezogenen Beurteilungskriterien
BATNA	**Alternativen – Develop your Best Alternative to a Negotiated Agreement:** Seien Sie sich der roten Linie(n) bewusst, jenseits derer eine weitere Kooperation für Sie nicht mehr sinnvoll ist

fortbestehen lassen, tun sich und Ihren Arbeitskollegen keinen Gefallen. Dadurch erzeugen Sie Reibungsverluste und Opportunitätskosten, das sollten Sie stets im Auge behalten.

> Achten Sie zum einen auf einen komplementären Typenmix. Zu viele Vertreter einer Richtung tun Ihrem Unternehmen(steil) auf Dauer nicht gut. Zum zweiten bestehen Sie auf einer sorgfältigen Kommunikation. Angesichts des hohen Zeitaufwands, der mit internen Absprachen aller Art verbunden ist, kann deren Rolle gar nicht genug betont werden[37]. Soweit es dennoch zu Konflikten kommt, sollten alle innerhalb der Sozietät zum dritten einige grundlegende Konfliktlösungsregeln kennen und beherzigen.

Als Konfliktlösungsregeln sehr bewährt sind die Leitsätze aus Fisher/Urys Klassiker „Getting to Yes". Danach gilt gemäß der Auflistung in Tab. 2.4[38].

---

[37]Dazu ausführlich Schunder-Hartung, Erfolgsfaktor interne Kanzleikommunikation, in: Schulz/Schunder-Hartung, Recht 2030, Frankfurt a. M. 2019, S. 335 m. zahlr. w. Nachw. S. zu den „großen und kleinen Irrtümern zwischen Chef und Mitarbeitern" zudem Wehrle, Der Feind in meinem Büro, 2. Aufl. Berlin 2013, sowie speziell zur juristischen Kommunikation in Wort und Schrift Engelken, Klartext für Anwälte, Wien 2010.

[38]Fisher/Ury, Getting to Yes, S. 11, 15 ff., 99 ff.

2.2.6 Äußere Rahmenbedingungen

Den Sockel der Betrachtung bilden die äußeren Arbeitsbedingungen, unter denen Sie auftreten – von der Frage nach Büroausstattung bis hin zum erwünschten Kleidungsstil. Dabei herrscht ganz im Sinne des „New Work" in diesem Bereich das vielleicht augenfälligste „Permanent Beta": Alle äußeren Zustände und Vorgänge sollen ständig irgendwie angepasst werden[39]. Gleichzeitig wirkt aber gerade die gebaute Umwelt nicht unerheblich auf Menschen, ihr Befinden und Verhalten ein. Entsprechend gibt es seit rund 50 Jahren den Forschungsbereich der Architekturpsychologie, der sich auch auf Themenfelder wie Bürogebäude und Arbeitsräume bezieht[40].

Beispiel

Betrachten Sie Ihre Kanzleiräume: Wie viele Kollegen sitzen in wie gestalteten Bürozimmern? Wieviel Individualität erlaubt das räumliche Selbstbild? Inwieweit ist Ihre Sozietät noch in klar abgegrenzten Einheiten untergebracht? Falls Sie mehrere Standorte haben, aber primär nach standortübergreifenden Praxis- oder Branchengruppen organisiert sind: Lösen sich (welche?) Einheiten womöglich in „Bürowelten", Büro-Situationen und schließlich in digitale Office-Situationen auf[41]?

Hier geht es beileibe nicht (nur) um die noch immer gerne zitierte Frage nach dem Home Office. Womöglich bewerben sich als Legal Tech Officers der Generation Z Digitale Nomaden?

Zusätzlich zu den auch von Kanzleien zunehmend gebuchten Co-Working-Spaces halten sodann unternehmensweit flexibel nutzbare Arbeitswelten Einzug[42]. Auch wenn Empfangs-Androiden anders als Chatbots noch Zukunftsmusik sein mögen: Durch Smart Boards entstehen schon jetzt Konferenzräume, die ortsunabhängige Mandantenbesprechungen ermöglichen. Deren Oberfläche wird über das Internet auf Smartphones und Tablets übertragen. Licht, Akustik, aber auch Raumtemperatur, Luftfeuchtigkeit und Wohlfühlgerüche: Solche Parameter mit

---

[39]https://megatrends.fandom.com/de/wiki/Permanent_Beta

[40]Einführend https://de.wikipedia.org/wiki/Architekturpsychologie.

[41]Vertiefend Bartmann, Leben im Büro, insb. S. 270 ff.

[42]S. hierzu auch Das Büro der Zukunft, Frankfurter Allgemeine Verlagsspezial New Work 2019, S. 42 f.

selbstlernender Technik sensorisch den Bedürfnissen ihrer Benutzer anzupassen, daran arbeiten viele Ihrer externen Stakeholder schon jetzt. Zum mindesten hat, wer sich für agile Arbeitskonzepte interessiert, auch an der Gestaltung agiler Arbeitswelten Interesse[43]. Dass und unter welchen Bedingungen er sich dann auch in Ihren Räumen noch wohlfühlen wird, darüber sollten Sie einen Obstkorb lang nachdenken.

Auch das können Sie im Übrigen einmal mehr im Wege der empfohlenen SWOT-Analyse[44] tun. Sollte Ihnen dieses Analyseinstrument jedoch hier oder anderer Stelle zu aufwändig sein, können Sie immer noch zur klassischen Coaching-Maxime greifen: „Love it, change it or leave it." Das bedeutet:

1. Entweder Sie beschließen, sich als Sozietät intern und extern mit einem bestimmten Zustand zu arrangieren. Der Preis für eine Veränderung ist – auch im übertragenen Sinne – so hoch, dass Sie ihn nicht bezahlen möchten. Stattdessen lernen Sie zu lieben, was sie nicht lassen können.
2. „Leave it" steht am anderen Ende des Spektrums für eine Exit-Strategie, für ein Verlassen und künftiges Vermeiden dessen, das sie so nicht mehr haben wollen. Das Wegfallen der guten Seiten der alten Zustände haben Sie im Blick und nehmen es in Kauf.
3. Am kompliziertesten, oft allerdings auch vernünftigsten, ist der Mittelweg: Sie stoßen Change-Prozesse an. Wenn Sie sich dazu entschieden haben, klären Sie idealerweise in einem strukturierten Fragepaket ab.

> **Fragen[45] zum einfachen Anstoßen von Veränderungsprozessen**
> 1. Welche Vorerfahrungen bringen wir mit?
> 2. Um welche Konstellation geht es jetzt?
> 3. Was möchten wir an der bisherigen Situation ändern?
> 4. Wer kann objektiv und möchte subjektiv …
> 5. … was zum Änderungsprozess beitragen?

---

[43]S. zum Thema innovative Bürokonzepte für das Arbeiten in digitalen Zeiten auch das ebenfalls in dieser Reihe erschienene Werk von Klaffke, Gestaltung agiler Arbeitswelten, Wiesbaden 2019.

[44]Zur Vorgehensweise oben 1.6.

[45]S. zum Aspekt der Fragetechnik, also des „Wie" des Erkundens, näher das in dieser Reihe erschienene *essential* von Patrzek, Systemisches Fragen, Wiesbaden 2015.

6. Wer muss, kann, darf, wer sollte dagegen nicht in den Änderungs-
prozess einbezogen werden?
7. Welcher Zeitrahmen ist ideal?
8. Welche Kosten dürfen entstehen?
9. Welche Vorgehensweisen empfehlen sich, welche nicht?
10. Welche Folgerungen ziehen auf unserem Vorgehen wir für die
Zukunft?

Zehn praktische Aufgaben 3

1. Geben Sie sich auf Fragen nach Ihrer besonderen Kanzleiidentität nicht länger mit den üblichen Allerweltsphrasen zufrieden. Dass Sie eine traditionsorientierte moderne Sozietät sind, die umfassend hochspezialisiert berät und dabei stets individuelle, wirtschaftlich sinnvolle Lösungen bereithält, unterscheidet Sie nämlich kaum von anderen Marktteilnehmern … auch nicht, wenn (nach Ihren Angaben) in Ihrem Hause die Besten und von denen die Nettesten arbeiten. Erst Ihre individuelle Ausstrahlung als Kanzlei im Markt macht Sie dort wirklich unverzichtbar – zumal dieser Markt immer enger wird. Entsprechend sollten Sie in die Entwicklung Ihrer Kanzleiidentität frühzeitig und konsequent investieren.

2. Verwechseln Sie auf der Suche nach Ihrer besonderen Kanzleiidentität Ihre ganzheitliche Kultur weder mit dem zentralen Teilbereich Business Development noch mit der unabdingbaren Markenbildung. BD ist monetär fokussiert, während das unverwechselbare Gesamtbild der Kanzlei ganz wesentlich mit den handelnden Persönlichkeiten zusammenhängt. Markenbildung wiederum setzt ein schon recht präzises Wissen über die eigene Kanzleipersönlichkeit voraus. Auch die Darstellung in Handbüchern und anderen Publikationen ersetzt die Entwicklung einer ganzheitlichen Kanzleiidentität nicht. Sie bezieht sich nur auf veröffentlichungsfähige Mandate, die Sie jetzt schon haben. Beide Teilbereiche sollten Sie daher entsprechend in ein übergeordnetes Gesamtkonzept einbeziehen.

3. Gleichzeitig sollten Sie die Summe Ihrer Mandate im Sinne aller Ihrer Stakeholder möglichst kontinuierlich aufbereiten und immer weiter hinterfragen. Soweit Sie das nicht gleich im Wege der strategischen Portfoliobetrachtung machen möchten, etwa mithilfe der BCG-Matrix, empfiehlt sich jedenfalls die Strukturierung nach Art einer ABC-Analyse. Was Sie schließlich

© Springer Fachmedien Wiesbaden GmbH, ein Teil von Springer Nature 2020   43
A. Schunder-Hartung, *Erfolgsfaktor Kanzleiidentität,* essentials,
https://doi.org/10.1007/978-3-658-28323-0_3

mindestens beherrschen und praktizieren sollten, sind SWOT-Analysen. Solche Vorgehensweisen gehören regelmäßig auf die Tagesordnung Ihrer Partnerversammlungen, auch wenn sie einen überzeugenden Gesamtaufbau nicht ersetzen.

4. Einen ersten präziseren Anhaltspunkt zur Kanzleiidentität liefert Ihnen das Schein'sche Drei-Ebenen-Modell der expliziten sowie impliziten Selbstannahmen und der hinter ihnen stehenden Grundannahmen über Ihren kulturellen Kern. Kombiniert mit den fünf kulturellen Dimensionen nach Klockhohn/Strodtbeck ermöglicht die Anwendung des Modells auf Ihre Sozietät Angaben zu Faktoren wie Vertrauenskultur, Kooperationsdichte und echter Progressivität.

5. Eine differenziertere Betrachtung mit zusätzlichen Dimensionen eröffnen die logischen Ebenen nach Dilts. Dabei richten sich die äußeren Bedingungen nach dem, was Sie an besonderen Fähigkeiten und Strategien besitzen. Diese wiederum richten sich nach den inneren Selbstzuschreibungen ebenso wie nach dem Werteverständnis und den Wahrnehmungsmustern der Stakeholder. An der Spitze der pyramidenartigen Betrachtung steht die vordringliche Frage nach dem Sinn des Kanzleiunternehmens, bei der es mit „Geld verdienen" aber nicht getan ist. Hier müssen Sie nach präziseren Antworten suchen, die alle Interessierten zufriedenstellen.

6. Um ein ganzheitliches Bild davon zu gewinnen, wer Sie als Unternehmen sind und sein können, müssen Sie sich sowohl auf Individual-, als auch auf Sozial- und Gesamtorganisationsebene dem Sinn Ihrer Arbeit befassen. In jeweils strukturierten Verfahren hinterfragen Sie sodann die Werte und Wahrnehmungsfilter, gefolgt von den Glaubenssätzen und Eigenschaften, die sie sich und einander zuschreiben. Je nachdem, für welche Ideale die handelnden Ebenen, Gruppen und Personen stehen, je nachdem welches Selbstbild dort herrscht, sind sie für bestimmte Stakeholder besonders attraktiv, für bestimmte andere Interessierte weniger. Allen recht machen können Sie es nicht – umso wichtiger ist es, dass Sie klar herausarbeiten, wer sich bei Ihnen besonders gut aufgehoben fühlen kann.

7. Vor dem Hintergrund des oben Gesagten können Sie in einem geordneten Prozess weitergehende Strategien, Vorgehensweisen und Umgangsformen für Ihre Einheit ableiten, die sie dann ihrerseits auf Ihre äußere Erscheinung herunterbrechen können und sollten. Aber Vorsicht – wenn Sie den zweiten Schritt vor dem ersten machen, droht Ihnen ein Scheitern nach dem Bonmot von Peter Drucker: „Culture eats strategy for breakfast".

8. Verfolgen Sie Ihre Ziele stets SMART, und arbeiten Sie dabei stets praxis-AFFIN. Dabei steht die erstgenannte Buchstabenkombination für eine Fest-

legung, die spezifisch, messbar, ansprechend, realisierbar und terminiert erfolgt. Das letztgenannte Akronym fordert Sie auf, den Ist-Zustand fortlaufend zu analysieren, einen Sollzustand zu formulieren und eine bestimmte Vorgehensweise zu dessen Erreichen festzulegen. Sodann implementieren Sie Ihr Vorhaben und halten es zielgenau nach.

9. Auch außerhalb betriebswirtschaftlicher Zusammenhänge im engeren Sinne müssen Sie sich als Kanzlei in jedem Fall entscheiden: „Love it, change it or leave it." Worum immer es geht – entweder Sie arrangieren sich mit dem betreffenden Zustand, weil Ihnen der Veränderungsaufwand zu hoch erscheint. Oder sie stellen den Zustand ab, verlassen also den bisherigen Pfad (Exit). Im Sinne eines Mittelwegs können Sie schließlich auch einen Veränderungs- oder Change-Prozess anstoßen, während dessen Ihnen bestimmte Leitfragen weiterhelfen. Sie reichen von Vorerfahrungen über Beteiligte und Zeitrahmen bis hin zur Art und Weise des Vorgehens.

10. Scheuen Sie sich nicht, bei der Fortentwicklung Ihrer ganzheitlichen Kanzleiidentität externe Unterstützung anzufordern. Interessenkonflikte und Blind Spots sollten Sie auf dem Weg zum Erfolgsfaktor Kanzleiidentität nicht unnötig behindern – auf dass Sie mit geschärfter ganzheitlicher Identität besser gefunden werden und mehr Geschäft entwickeln denn je.

Was Sie aus diesem *essential* mitnehmen können

- Der juristische Markt wird zunehmend schwieriger. Die Zahl der Anbieter steigt, die digitale Transformation verändert die Geschäftsmodelle weiter. Ein Ende dieser Entwicklung ist nicht in Sicht. Dass Sie in dieser Situation den Fortbestand des eigenen Erfolgs allein mit der Qualität Ihrer eigenen hochwertigen Mandate sichern können, ist ein fataler Denkfehler. Auch ein noch so gut geübtes intuitiv-erfahrenes Fallbearbeiten ist letztlich nämlich nur ein Voranschreiten entlang immer feiner verästelter Entscheidungsbäume, bewusst oder unbewusst. Mithin hebt es sich auch die komplexe juristische Tätigkeit nur quantitativ von der Kombination von Daten und Regeln ab, wie sie „Data x Algorithmen" eigen ist. Der menschliche Vorsprung im juristischen Kerngeschäft geht umso weiter verloren, je besser technische Subsumtionssysteme werden.
- Vor diesem Hintergrund müssen Sie sich schon jetzt regelmäßig und systematisch darüber klarwerden, was gerade Sie als Dienstleister ausmacht und von Ihren Wettbewerbern am Markt unterscheidet. Je besser Sie die Antworten mit Blick auf alle Interessengruppen und Fachsegmente kennen, desto besser für Ihre innere und äußere Entwicklung: Fachlich gute Marktteilnehmer gibt es viele. Um Ihre Stakeholder ausgerechnet von Ihren zu überzeugen, müssen Sie sie im Konzert der Stimmen mit zusätzlichen, besonderen Merkmalen punkten.
- Bedienen Sie sich zu deren Herausarbeitung strukturierter Verfahren. Eine ganze Reihe von Tools unterstützen Sie bei der Klärung von Sinnfragen, denen die Erkundung Ihrer dominanten Werte und Wahrnehmungen nachfolgt. Strategien und Verhaltensmaximen diskutieren Sie (erst) in der Folge – und zwar ebenfalls anhand bestimmter empfohlener Kriterien.
- Als so unterschiedlich Sie Ihre Protagonisten auch identifizieren mögen – für Ihr Vorgehen fordern Sie bitte stets ein bestimmtes Niveau ein. Beispielsweise sollten Sie Ihre Ziele stets spezifisch formulieren. Sobald Sie ein Vorhaben formuliert haben, achten Sie auch auf seine systematische Umsetzung.

© Springer Fachmedien Wiesbaden GmbH, ein Teil von Springer Nature 2020   47
A. Schunder-Hartung, *Erfolgsfaktor Kanzleiidentität,* essentials,
https://doi.org/10.1007/978-3-658-28323-0

- Eine entsprechend entwickelte und gelebte Kanzlei- und Unternehmensidentität ist die einzige echte Alternative zu allfälligem Stückwerk. Als ganzheitliche Lösung fördert sie Ihren Geschäftserfolg langfristig sowohl nach innen als auch nach außen.

Literatur

Bandey, Uwe und Silvio Kupsch, Schneller schneller, BB Berater-Magazin 03/2018, 8.

Bär-Sieber, Martina, Rainer Krumm, und Hartmut Wiehle. 2014. *Unternehmen verstehen, gestalten, verändern – Das Graves-Value-System in der Praxis*, 3. Aufl. Wiesbaden: Springer Fachmedien.

Bartmann, Christoph. 2012. Leben im Büro. München.

Becker, Lutz. 2014. Der Business Development Manager – Eine Standortbestimmung. In *Business Development Management*, Hrsg. Lutz Becker, Walter Bora, und Tino Michalski. Düsseldorf: Symposion.

Becker, Lutz. 2018. *Nachhaltiges Business Development Management*. Wiesbaden: Springer Fachmedien.

Berger, Ernst Georg, und Christoph Schalast. 2019. In *Recht 2030*, Hrsg. Martin Schulz und Anette Schunder-Hartung, 117. Frankfurt a. M.: DFV.

Bordt, SJ Michael. 2019. Einen Leadership-Algorithmus wird es nie geben, Frankfurter Allgemeine Verlagsspezial, 14 New York: F.A.Z.-Verlag.

Brenner, Julius. 2019. Nicht ohne: Benchmarking und Reporting. In *Recht 2030*, Hrsg. Martin Schulz und Anette Schunder-Hartung, 73. Frankfurt a. M.: DFV.

Cosack, Ilona, und Angela Hamatschek. 2013. *Praxishandbuch Anwaltsmarketing*. Herne: Westf NWB.

Dixit, Avinash K., und Barry J. Nalebuff. 1997. Spieltheorie für Einsteiger. Stuttgart: Schäffer-Poeschel.

Engelken, Eva. 2010. *Klartext für Anwälte*. Wien: Linde.

Fisher, Roger, William Ury, und Bruce Patton. 1991. *Getting to yes*, 2. Aufl. London: Century Business.

Fritz, Robin. 2019. Unternehmen Anwaltskanzlei. In *Recht 2030*, Hrsg. Martin Schulz und Anette Schunder-Hartung, 81. Frankfurt a. M.: DFV.

Gora, Walter et al. 2014. Business Development – Aufbruch oder Rohrkrepierer? In *Business development management*, Hrsg. Lutz Becker, Walter Bora, und Tino Michalski, 425. Düsseldorf: Symposion.

© Springer Fachmedien Wiesbaden GmbH, ein Teil von Springer Nature 2020
A. Schunder-Hartung, *Erfolgsfaktor Kanzleiidentität*, essentials,
https://doi.org/10.1007/978-3-658-28323-0

Hammersen

Hammersen, Nicolai, und Marco Cabras. 2019. Jenseits von „me too" – Zur Kommunikation von Kanzleien. In *Recht 2030*, Hrsg. Schulz und Schunder-Hartung, 349. Frankfurt a. M.

Hartung, Markus, Micha-Manuel Bues, und Gernot Halbleib, Hrsg. 2018. *Legal tech.* München: C.H. Beck.

Heussen, Benno. 2016. *Anwaltsunternehmen führen*, 3. Aufl. München: C.H. Beck.

Kanzleien in Deutschland. 2014. Eine Auswahl deutscher Wirtschaftsanwälte, Großhandbuch, Abschluss-Ausgabe 15. Aufl., Baden-Baden.

Karpen, Ulrich. 2016. Rechtssetzungslehre, JuS 577 (579).

Klaffke, Martin. 2019. *Gestaltung agiler Arbeitswelten.* Wiesbaden: Springer Fachmedien.

Lauer, Thomas. 2019. *Change Management: Grundlagen und Erfolgsfaktoren*, 3. Aufl. Wiesbaden: Springer Gabler.

Lichtblau, Matthias. 2019. Die Bedeutung der Marke im digitalen Wandel der Rechtsdienstleistung. In *Recht 2030*, Hrsg. Schulz und Schunder-Hartung, 371 Frankfurt a. M.: DFV.

Lotz, Peter. 2019. Von der Disruption zur Konversion, In *Recht 2030*, Hrsg. Martin Schulz und Anette Schunder-Hartung, 91. Frankfurt a. M.: DFV.

Patrzek, Andreas. 2015. *Systemisches Fragen.* Wiesbaden: Springer Fachmedien.

Sauter, und Franz-Peter Staudt. 2015. Strategisches Kompetenzmanagement 2.0, Wiesbaden.

Schein, Edgar H. 2018. *Organisationskultur und Leadership*, 5. Aufl. München: Vahlen.

Scheller, Torsten. 2017. *Auf dem Weg zur agilen Organisation.* München: Vahlen.

Schieblon, Claudia, Hrsg. 2018. *Marketing für Kanzleien und Wirtschaftsprüfer*, 4. Aufl. Wiesbaden: Springer Fachmedien.

Schrader, Peter. 2019. Aufzeichnung und Dokumentation der Arbeitszeit nach dem Urteil des EuGH in der Rechtssache CCOO, 1035. NZA: C.H. Beck.

Schulz, Martin, und Anette Schunder-Hartung, et. al. 2019. Gestern, heute, morgen …, In Recht 2030, Hrsg. Martin Schulz und Anette Schunder-Hartung, 417. Frankfurt a. M.: DFV.

Schunder-Hartung, Anette. Beratung 2030 geht anders!, BB Berater-Magazin 4/2919, 4.

Schunder-Hartung, Dr. 2018. *Anette*, 22. Die nächste Generation: JuraCon-Jahrbuch.

Schunder-Hartung, Anette. 2019. Erfolgsfaktor interne Kanzleikommunikation. In *Recht 2030*, Hrsg. Martin Schulz und Anette Schunder-Hartung, 335. Frankfurt a. M.: DFV.

Schunder-Hartung, Anette. 2016/2017. Im Namen des Fachbereichs: Ein Moot Court aus Panelperspektive, JuraCon-Jahrbuch, 34.

Schunder-Hartung, Anette 2019. Neue Handlungsmuster für das digitale Zeitalter. In *Recht 2030*, Hrsg. Martin Schulz und Anette Schunder-Hartung, 1. Frankfurt a. M.: DFV.

Schunder-Hartung, Anette. 2019. Richtig reden: Wie Sie durch bessere Kollegenansprache mehr erreichen, GP Special Kapitalmarktrecht 72.

Sternad, Dietmar. 2015. *Strategieentwicklung kompakt.* Wiesbaden: Springer Fachmedien.

Wehrle, Martin. 2013. *Der Feind in meinem Büro*, 2. Aufl. Berlin: Ullstein.

Weimann, Jürgen. 2011. *Die Portfolio-Analyse am Beispiel der BCG-Matrix.* Norderstedt: GRIN.

Wolf, Kerstin. 2012. Marketing und anwaltliches Werberecht, In *Die Anwaltssozietät*, Hrsg. Bernhard Dombeck, Jörg H. Ottersbach, und Dieter Schulze zur Wiesche, 193 ff., Baden-Baden: Nomos.

Wolff, Uwe. 2010. *Medienarbeit für Rechtsanwälte.* Wiesbaden: Gabler.

Printed in the United States
By Bookmasters